LE COMTE
DE
MONTE-CHRISTO

PAR

ALEXANDRE DUMAS.

10

———⊙———

PARIS.
PÉTION, LIBRAIRE-ÉDITEUR
DES ŒUVRES COMPLÈTES D'EUGÈNE SUE
11, RUE DU JARDINET.
—
1845

LE COMTE
DE
MONTE-CHRISTO.

PARIS. — IMPRIMERIE DE A. HENRY,
RUE GIT-LE-COEUR, 8.

LE COMTE

DE

MONTE-CHRISTO

PAR

ALEXANDRE DUMAS.

X.

PARIS,
PÉTION, LIBRAIRE-ÉDITEUR
11, RUE DU JARDINET.

1845.

LE COMTE
DE
MONTE-CHRISTO.

CHAPITRE PREMIER.

UN BAL D'ÉTÉ.

Le même jour, vers l'heure où madame Danglars faisait la séance que nous avons dite dans le cabinet de M. le procureur du roi, une calèche de voyage, entrant dans la rue du Helder, franchissait la porte du n° 27 et s'arrêtait dans la cour.

Au bout d'un instant, la portière s'ouvrait, et madame de Morcerf en descendait, appuyée au bras de son fils.

A peine Albert eut-il reconduit sa mère chez elle, que, commandant un bain et ses chevaux, après s'être mis seulement aux mains de son valet de chambre, il se fit conduire aux Champs-Élysées, chez le comte de Monte-Christo.

Le comte le reçut avec son sourire habituel. C'était une étrange chose ; jamais on ne paraissait faire un pas en avant dans le cœur ou dans l'esprit de cet homme. Ceux qui voulaient, si l'on peut dire cela, forcer le passage de son intimité, trouvaient un mur.

Morcerf, qui accourait à lui les bras ouverts, laissa, en le voyant, et malgré son sourire amical, tomber ses bras, et osa tout au plus lui tendre la main.

De son côté, Monte-Christo la lui toucha, comme il faisait toujours, mais sans la lui serrer.

— Eh bien! me voilà, dit-il, cher Comte.

— Soyez le bienvenu.

— Je suis arrivé depuis une heure.

— De Dieppe?

— Du Tréport.

— Ah! c'est vrai!

— Et ma première visite est pour vous.

— C'est charmant de votre part, dit Monte-Christo, comme il eût dit toute autre chose.

— Eh bien ! voyons, quelles nouvelles ?

— Des nouvelles ! vous demandez cela à moi, à un étranger !

— Je m'entends : quand je demande quelles nouvelles, je demande si vous avez fait quelque chose pour moi ?

— M'aviez-vous donc chargé de quelque commission ? dit Monte-Christo en jouant l'inquiétude.

— Allons! allons! dit Albert, ne simulez pas l'indifférence; on dit qu'il y a des avertissements sympathiques qui traversent la distance: eh bien! au Tréport, j'ai reçu mon coup électrique; vous avez, sinon travaillé pour moi, du moins pensé à moi.

— Cela est possible, dit Monte-Christo. J'ai en effet pensé à vous, mais le courant magnétique dont j'étais le conducteur agissait, je l'avoue, indépendamment de ma volonté.

— Vraiment! contez-moi cela, je vous prie.

— C'est facile. M. Danglars a dîné chez moi.

— Je le sais bien, puisque c'est pour

fuir sa présence que nous sommes partis, ma mère et moi.

— Mais il y a dîné avec M. Andréa Cavalcanti.

— Votre prince italien?

— N'exagérons pas, M. Andrea se donne seulement le titre de comte.

— Se donne, dites-vous?

— Je dis : se donne.

— Il ne l'est donc pas?

— Eh! le sais-je, moi? Il se le donne, je le lui donne, on le lui donne; n'est-ce pas comme s'il l'avait?

— Homme étrange que vous faites, allez ! Eh bien ?

— Eh bien ! quoi ?

— M. Danglars a donc dîné ici ?

— Oui.

— Avec votre comte Andrea Cavalcanti ?

— Avec le comte Andrea Cavalcanti, le marquis son père, madame Danglars, M. et madame de Villefort, des gens charmants, M. Debray, Maximilien Morrel, et puis qui encore ?... attendez donc... ah ! M. de Château-Renaud.

— On a parlé de moi ?

— On n'en a pas dit un mot.

— Tant pis.

— Pourquoi cela? il me semble que si l'on vous a oublié, on n'a fait, en agissant ainsi, que ce que vous désiriez?

— Mon cher Comte, si l'on n'a point parlé de moi, c'est qu'on y pensait beaucoup, et alors je suis désespéré.

— Que vous importe, puisque mademoiselle Danglars n'était point au nombre de ceux qui y pensaient ici? Ah! il est vrai qu'elle pouvait y penser chez elle.

— Oh! quant à cela, non, j'en suis sûr; ou, si elle y pensait, c'est certainement de la même façon que je pense à elle.

— Touchante sympathie ! dit le comte. Alors vous vous détestez?

— Ecoutez, dit Morcerf, si mademoiselle Danglars était femme à prendre en pitié le martyre que je ne souffre pas pour elle, et à m'en récompenser en dehors des conventions matrimoniales arrêtées entre nos deux familles, cela m'irait à merveille. Bref, je crois que mademoiselle Danglars serait une maîtresse charmante, mais comme femme, diable...

— Ainsi, dit Monte-Christo en riant, voilà votre façon de penser sur votre future?

— Oh ! mon Dieu, oui, un peu brutale, c'est vrai, mais exacte du moins.

Or, puisqu'on ne peut faire de ce rêve une réalité, comme pour arriver à un certain but il faut que mademoiselle Danglars devienne ma femme, c'est-à-dire qu'elle vive avec moi, qu'elle pense près de moi, qu'elle chante près de moi, qu'elle fasse des vers et de la musique à dix pas de moi, et cela pendant tout le temps de ma vie, alors je m'épouvante; une maîtresse, mon cher Comte, cela se quitte; mais une femme, peste! c'est autre chose, cela se garde, et éternellement, de près ou de loin, c'est-à-dire; or, c'est effrayant de garder toujours mademoiselle Danglars, fût-ce même de loin.

— Vous êtes difficile, Vicomte.

— Oui, car souvent je pense à une chose impossible.

— A laquelle?

— A trouver pour moi une femme comme mon père en a trouvé une pour lui.

Monte-Christo pâlit et regarda Albert en jouant avec des pistolets magnifiques dont il faisait rapidement crier les ressorts.

— Ainsi, votre père a été bien heureux? dit-il.

— Vous savez mon opinion sur ma mère, M. le Comte : un ange du ciel ; voyez-la encore belle, spirituelle toujours, meilleure que jamais. J'arrive du Tréport; pour tout autre fils, eh ! mon Dieu! accompagner sa mère serait une complaisance ou une corvée; mais moi, j'ai passé quatre jours en tête-à-tête avec elle, plus satisfait, plus reposé, plus poétique, vous le dirai-je, que si j'eusse emmené au Tréport la reine Mab ou Titania.

— C'est une perfection désespérante, et vous donnez à tous ceux qui vous entendent de graves envies de rester célibataires.

— Voilà justement, reprit Morcerf, pourquoi, sachant qu'il existe au monde une femme accomplie, je ne me soucie pas d'épouser mademoiselle Danglars. Avez-vous quelquefois remarqué comme notre égoïsme revêt de couleurs brillantes tout ce qui nous appartient? Le diamant qui chatoyait à la vître de Marlé ou de Fossin devient bien plus beau depuis qu'il est notre diamant ; mais si l'évidence vous force à reconnaître qu'il en est un d'une eau plus pure, et que vous soyez condamné à porter éternellement ce diamant inférieur à un autre, comprenez-vous la souffrance ?

— Mondain ! murmura le comte.

— Voilà pourquoi je sauterai de joie le jour où mademoiselle Eugénie s'apercevra que je ne suis qu'un chétif atôme, et que j'ai à peine autant de cent mille francs qu'elle a de millions.

Monte-Christo sourit.

— J'avais bien pensé à une chose, continua Albert, Franz aime les choses excentriques, j'ai voulu le rendre amoureux de mademoiselle Danglars ; mais malgré quatre lettres que je lui ai écrites dans le plus affriandant des styles, Franz m'a imperturbablement répondu :

« Je suis excentrique, c'est vrai, mais mon excentricité ne va pas jusqu'à reprendre ma parole quand je l'ai donnée. »

— Voilà ce que j'appelle le dévouement de l'amitié : donner à un autre la femme dont on ne voudrait soi-même qu'à titre de maîtresse.

Albert sourit.

— A propos, continua-t-il, il arrive, ce cher Franz; mais peu vous importe, vous ne l'aimez pas, je crois?

— Moi! dit Monte-Christo; eh! mon cher Vicomte, où donc avez-vous vu que je n'aimais pas M. Franz? j'aime tout le monde.

— Et je suis compris dans tout le monde... merci.

— Oh! ne confondons pas, dit Monte-Christo : j'aime tout le monde à la manière dont Dieu nous ordonne d'aimer notre prochain, chrétiennement ; mais je ne hais bien que de certaines personnes. Revenons à M. Franz d'Épinay. Vous dites donc qu'il arrive?

— Oui, mandé par M. de Villefort, aussi enragé, à ce qu'il paraît, de marier mademoiselle Valentine que M. Danglars est enragé de marier mademoiselle Eugénie. Décidément, il paraît que c'est un état des plus fatigants que celui de père de grandes filles; il semble que cela leur donne la fièvre, et que leur pouls bat quatre-vingt-dix fois à la minute jusqu'à ce qu'ils en soient débarrassés.

— Mais M. d'Épinay ne vous ressemble pas, lui; il prend, ce me semble, son mal en patience.

— Mieux que cela, il le prend au sérieux; il met des cravates blanches et parle déjà de sa famille. Il a au reste pour les Villefort une grande considération.

— Méritée, n'est-ce pas?

— Je le crois. M. de Villefort a toujours passé pour un homme sévère, mais juste.

— A la bonne heure, dit Monte-Christo,

en voilà un au moins que vous ne traitez pas comme ce pauvre M. Danglars.

— Cela tient peut-être à ce que je ne suis pas forcé d'épouser sa fille, répondit Albert en riant.

— En vérité, mon cher Monsieur, dit Monte-Christo, vous êtes d'une fatuité révoltante.

— Moi !

— Oui, vous. Prenez donc un cigare.

— Bien volontiers. Et pourquoi suis-je fat ?

— Mais parce que vous êtes-là à vous défendre, à vous débattre d'épouser mademoiselle Danglars. Eh! mon Dieu! laissez aller les choses, et ce n'est peut-être pas vous qui retirerez votre parole le premier.

— Bah! fit Albert avec de grands yeux.

— Eh! sans doute, M. le Vicomte, on ne vous mettra pas de force le cou dans les portes, que diable! Voyons, sérieusement, reprit Monte-Christo en changeant d'intonation, avez-vous envie de rompre?

— Je donnerais cent mille francs pour cela.

— Eh bien! soyez heureux : M. Danglars est prêt à en donner le double pour atteindre au même but.

— Est-ce bien vrai ce bonheur-là? dit Albert, qui cependant en disant cela ne put empêcher qu'un imperceptible nuage passât sur son front. Mais, mon cher Comte, M. Danglars a donc des raisons?

— Ah! te voilà bien, nature orgueilleuse et égoïste! à la bonne heure, je retrouve l'homme qui veut trouer l'amour-propre d'autrui à coups de hache, et qui crie quand on troue le sien avec une aiguille.

— Non! mais c'est qu'il me semble que M. Danglars...

— Devait être enchanté de vous, n'est-ce pas? Eh bien! M. Danglars est un homme de mauvais goût, c'est convenu, et il est encore plus enchanté d'un autre.

— De qui donc?

— Je ne sais pas, moi; étudiez, regardez, saisissez les allusions à leur passage, et faites-en votre profit.

— Bon, je comprends; écoutez, ma mère... non! pas ma mère, je me trompe, mon père a eu l'idée de donner un bal.

— Un bal, dans ce moment-ci de l'année?

— Les bals d'été sont à la mode.

— Ils n'y seraient pas, que la comtesse n'aurait qu'à vouloir, elle les y mettrait.

— Pas mal ; vous comprenez, ce sont des bals pur sang ; ceux qui restent à Paris dans le mois de juillet sont de vrais Parisiens. Voulez-vous vous charger d'une invitation pour MM. Cavalcanti ?

— Dans combien de jours a lieu votre bal ?

— Samedi.

— M. Cavalcanti père sera parti.

— Mais M. Cavalcanti fils demeure. Voulez-vous vous charger d'amener M. Cavalcanti fils ?

— Écoutez, vicomte, je ne le connais pas.

— Vous ne le connaissez pas ?

— Non, je l'ai vu pour la première fois il y a trois ou quatre jours, et je n'en réponds en rien.

— Mais vous le recevez bien, vous ?

— Moi, c'est autre chose ; il m'a été recommandé par un brave abbé qui peut lui-même avoir été trompé. Invitez-le directement, à merveille, mais ne me dites pas de vous le présenter ; s'il allait plus tard épouser mademoiselle Danglars, vous m'accuseriez de manège, et vous voudriez vous couper la gorge avec moi ; d'ailleurs, je ne sais pas si j'irai moi-même.

— Où ?

— A votre bal.

— Pourquoi n'y viendriez-vous point?

— D'abord parce que vous ne m'avez pas encore invité.

— Je viens exprès pour vous apporter votre invitation moi-même.

— Oh! c'est trop charmant; mais je puis en être empêché.

— Quand je vous aurai dit une chose, vous serez assez aimable pour nous sacrifier tous les empêchements.

— Dites.

— Ma mère vous en prie.

— Madame la comtesse de Morcerf? reprit Monte-Christo en tressaillant.

— Ah! Comte, dit Albert, je vous préviens que madame de Morcerf cause librement avec moi; et si vous n'avez pas senti craquer en vous ces fibres sympathiques dont je vous parlais tout-à-l'heure, c'est que ces fibres-là vous manquent complètement, car pendant quatre jours nous n'avons parlé que de vous.

— De moi? En vérité vous me comblez!

— Écoutez, c'est le privilège de votre emploi, quand on est un problème vivant!

— Ah! je suis donc aussi un problème

pour madame votre mère? En vérité, je l'aurais crue trop raisonnable pour se livrer à de pareils écarts d'imagination !

— Problème, mon cher Comte, problème pour tous, pour ma mère comme pour les autres, problème accepté, mais non deviné; vous demeurez toujours à l'état d'énigme, rassurez-vous. Ma mère seulement demande toujours comment il se fait que vous soyez si jeune. Je crois qu'au fond, tandis que la comtesse G... vous prend pour lord Ruthwen, ma mère vous prend pour Cagliostro ou le comte de Saint-Germain. La première fois que vous viendrez voir madame de Morcerf, confirmez-la dans cette opinion. Cela ne vous sera pas difficile, vous avez la pierre philosophale de l'un et l'esprit de l'autre.

— Je vous remercie de m'avoir prévenu, dit le comte en souriant, je tâcherai de me mettre en mesure de faire face à toutes les suppositions.

— Ainsi vous viendrez samedi ?

— Puisque madame de Morcerf m'en prie.

— Vous êtes charmant.

— Et M. Danglars ?

— Oh! il a déjà reçu la triple invitation ; mon père s'en est chargé. Nous tâcherons aussi d'avoir le grand d'Aguesseau, M. de Villefort; mais on en désespère.

— Il ne faut jamais désespérer de rien, dit le proverbe.

— Dansez-vous, cher Comte?

— Moi?

— Oui, vous. Qu'y aurait-il d'étonnant à ce que vous dansassiez?

— Ah! en effet, tant qu'on n'a pas franchi la quarantaine... Non, je ne danse pas; mais j'aime à voir danser. Et madame de Morcerf, danse-t-elle?

— Jamais, non plus; vous causerez, elle a tant envie de causer avec vous!

— Vraiment?

— Parole d'honneur! Et je vous déclare que vous êtes le premier homme pour lequel ma mère ait manifesté cette curiosité.

Albert prit son chapeau et se leva ; le comte le reconduisit jusqu'à la porte.

— Je me fais un reproche, dit-il, en l'arrêtant au haut du perron.

— Lequel?

— J'ai été indiscret, je ne devais pas vous parler de M. Danglars.

— Au contraire, parlez-m'en encore, parlez-m'en souvent, parlez-m'en toujours ; mais de la même façon.

— Bien! vous me rassurez. A propos, quand arrive M. d'Épinay?

— Mais dans cinq ou six jours au plus tard.

— Et quand se marie-t-il ?

— Aussitôt l'arrivée de M. et de madame de Saint-Méran.

— Amenez-le-moi donc quand il sera à Paris. Quoique vous prétendiez que je ne l'aime pas, je vous déclare que je serai heureux de le voir.

— Bien, vos ordres seront exécutés, Seigneur.

— Au revoir.

— A samedi, en tout cas, bien sûr, n'est-ce pas ?

— Comment donc, c'est parole donnée.

Le comte suivit des yeux Albert en le saluant de la main. Puis, quand il fut remonté dans son phaéton, il se retourna, et trouvant Bertuccio derrière lui :

— Eh bien ? demanda-t-il.

— Elle est allée au Palais, répondit l'intendant.

— Elle y est restée longtemp ?

— Une heure et demie.

— Et elle est rentrée chez elle ?

— Directement.

— Eh bien! mon cher M. Bertuccio, dit le comte, si j'ai maintenant un conseil à vous donner, c'est d'aller voir en Normandie si vous ne trouverez pas cette petite terre dont je vous ai parlé.

Bertuccio salua, et comme ses désirs étaient en parfaite harmonie avec l'ordre qu'il avait reçu, il partit le soir même.

CHAPITRE II.

LES INFORMATIONS.

M. de Villefort tint parole à madame Danglars, et surtout à lui-même, en cherchant à savoir de quelle façon M. le comte de Monte-Christo avait pu apprendre l'histoire de la maison d'Auteuil.

Il écrivit le même jour à un certain M. de Boville, qui, après avoir été autrefois inspecteur des prisons, avait été attaché dans un grade supérieur à la police de sûreté, pour avoir les renseignements qu'il désirait, et celui-ci demanda deux ours pour savoir au juste près de qui l'on pourrait le renseigner.

Les deux jours expirés, M. de Villefort reçut la note suivante :

« La personne que l'on appelle M. le comte de Monte-Christo est connue particulièrement de lord Wilmore, riche étranger, que l'on voit quelquefois à Paris et qui s'y trouve en ce moment; il est connu également de l'abbé Busoni, prêtre sicilien d'une grande réputation en Orient, où il a fait beaucoup de bonnes œuvres. »

M. de Villefort répondit par un ordre
de prendre sur ces deux étrangers les informations les plus promptes et les plus
précises ; le lendemain soir, ses ordres
étaient exécutés, et voici les renseignements qu'il recevait :

L'abbé, qui n'était que pour un mois
à Paris, habitait derrière Saint-Sulpice,
une petite maison composée d'un seul
étage au-dessus d'un rez-de-chaussée ;
quatre pièces, deux pièces en haut et
deux pièces en bas, formaient tout le lo-
gement, dont il était l'unique locataire.

Les deux pièces d'en bas se compo-
saient d'une salle à manger avec table,
chaises et buffet en noyer, et d'un salon
boisé peint en blanc, sans ornements,
sans tapis et sans pendule. On voyait que

pour lui-même l'abbé se bornait aux objets de stricte nécessité.

Il est vrai que l'abbé de préférence habitait le salon du premier. Ce salon, tout meublé de livres de théologie et de parchemins, au milieu desquels on le voyait s'ensevelir, disait son valet de chambre, pendant des mois entiers, était en réalité moins un salon qu'une bibliothèque.

Ce valet regardait les visiteurs au travers d'une sorte de guichet, et lorsque leur figure lui était inconnue ou ne lui plaisait pas, il répondait que M. l'abbé n'était point à Paris, ce dont beaucoup se contentaient, sachant que l'abbé voyageait souvent et restait quelquefois fort longtemps en voyage.

Au reste, qu'il fût au logis ou qu'il n'y fût pas, qu'il se trouvât à Paris ou au Caire, l'abbé donnait toujours, et le guichet servait de tour aux aumônes que le valet distribuait incessamment au nom de son maître.

L'autre chambre, située près de la bibliothèque, était une chambre à coucher. Un lit sans rideaux, quatre fauteuils et un canapé de velours d'Utrech jaune, formaient avec un prie-dieu tout son ameublement.

Quant à lord Wilmore, il demeurait rue Fontaine-Saint-Georges. C'était un de ces Anglais touristes qui mangent toute leur fortune en voyages. Il louait en garni l'appartement qu'il habitait, dans lequel il venait passer seulement deux ou trois heures par jour, et où il ne couchait que rarement. Une de ses manies était de ne vouloir pas absolument parler la langue française, qu'il écrivait cependant, assurait-on, avec une assez grande pureté.

Le lendemain du jour où ces précieux renseignements étaient parvenus à M. le procureur du roi, un homme qui descendait de voiture au coin de la rue Férou, vint frapper à une porte peinte en vert olive, et demanda l'abbé Busoni.

— M. l'abbé est sorti dès le matin, répondit le valet.

— Je pourrais ne pas me contenter de cette réponse, dit le visiteur, car je viens de la part d'une personne pour laquelle on est toujours chez soi. Mais veuillez remettre à l'abbé Busoni...

— Je vous ai déjà dit qu'il n'y était pas, répéta le valet.

— Alors quand il sera rentré, remettez-lui cette carte et ce papier cacheté. Ce soir, à huit heures, M. l'abbé sera-t-il chez lui?

— Oh! sans faute, Monsieur, à moins que M. l'abbé ne travaille, et alors c'est comme s'il était sorti.

— Je reviendrai donc ce soir à l'heure convenue, reprit le visiteur.

Et il se retira.

En effet, à l'heure indiquée, le même

L'abbé rajusta les grandes lunettes qui lui couvraient non-seulement les yeux, mais encore les tempes, et, se rasseyant, fit signe au visiteur de s'asseoir à son tour.

— Je vous écoute, Monsieur, dit l'abbé avec un accent italien des plus prononcé.

— La mission dont je me suis chargé, Monsieur, reprit le visiteur en pesant sur chacune de ses paroles comme si elles avaient peine à sortir, est une mission de confiance pour celui qui la remplit et pour celui près duquel on la remplit.

L'abbé s'inclina.

— Oui, reprit l'étranger, votre probité, M. l'abbé, est si connue de M. le préfet de police, qu'il veut savoir de vous, comme magistrat, une chose qui intéresse cette sûreté publique au nom de laquelle je vous suis député. Nous espérons donc, M. l'abbé, qu'il n'y aura ni liens d'amitié ni considération humaine qui puisse vous engager à déguiser la vérité à la justice.

— Pourvu, Monsieur, que les choses qu'il vous importe de savoir ne touchent en rien aux scrupules de ma conscience. Je suis prêtre, Monsieur, et les secrets de la confession, par exemple, doivent rester entre moi et la justice de Dieu, et non entre moi et sa justice humaine.

— Oh! soyez tranquille, M. l'abbé, dit l'étranger, dans tous les cas, nous mettrons votre conscience à couvert.

A ces mots, l'abbé, en pesant de son côté sur l'abat-jour, leva ce même abat-jour du côté opposé, de sorte que, tout en éclairant en plein le visage de l'étranger, le sien restait toujours dans l'ombre.

— Pardon, M. l'abbé, dit l'envoyé de M. le préfet de police, mais cette lumière me fatigue horriblement la vue.

L'abbé baissa le carton vert.

— Maintenant, Monsieur, je vous écoute, parlez.

— J'arrive au fait. Vous connaissez M. le comte de Monte-Christo.

— Vous voulez parler de M. Zaccone, je présume?

— Zaccone!... Ne s'appelle-t-il donc pas Monte-Christo?

— Monte-Christo est un nom de terre, ou plutôt un nom de rocher, et non pas un nom de famille.

— Eh bien! soit; ne discutons pas sur les mots, et puisque M. de Monte-Christo et M. Zaccone c'est le même homme...

— Absolument le même.

— Parlons de M. Zaccone.

— Soit.

— Je vous demandais si vous le connaissiez?

— Beaucoup.

— Qu'est-il?

— C'est le fils d'un riche armateur de Malte.

— Oui, je le sais bien, c'est ce qu'on dit; mais, comme vous le comprenez, la police ne peut pas se contenter d'un *on dit*.

— Cependant, reprit l'abbé avec un sourire tout affable, quand cet *on dit* est la vérité, il faut bien que tout le monde s'en contente, et que la police fasse comme tout le monde.

— Mais vous êtes sûr de ce que vous dites?

— Comment! si j'en suis sûr!

— Remarquez, Monsieur, que je ne suspecte en aucune façon votre bonne foi. Je vous dis : Êtes-vous sûr ?

— Ecoutez, j'ai connu M. Zaccone le père.

— Ah ! ah !

— Oui, et tout enfant j'ai joué dix fois avec son fils dans les chantiers de construction.

— Mais cependant, ce titre de comte ?..

— Vous savez, cela s'achète.

— En Italie?

— Partout.

— Mais ces richesses qui sont immenses, à ce qu'on dit toujours...

— Oh! quant à cela, répondit l'abbé, immenses, c'est le mot.

— Combien croyez-vous qu'il possède, vous qui le connaissez?

— Oh! il a bien cent cinquante à deux cent mille livres de rente.

— Ah! voilà qui est raisonnable, dit le visiteur; mais on parlait de trois, de quatre millions!

— Deux cent mille livres de rente, Monsieur, font juste quatre millions de capital.

— Mais on parlait de trois ou quatre millions de rente.

— Oh ! cela n'est pas croyable.

— Et vous connaissez son île de Monte-Christo ?

— Certainement ; tout homme qui est venu de Palerme, de Naples ou de Rome en France, par mer, la connaît, puisqu'il est passé à côté d'elle et l'a vue en passant.

— C'est un séjour enchanteur, à ce que l'on assure ?

— C'est un rocher.

— Et pourquoi donc le comte a-t-il acheté un rocher ?

— Justement pour être comte. En Italie, pour être comte, on a encore besoin d'un comté.

— Vous avez sans doute entendu parler des aventures de jeunesse de M. Zaccone?

— Le père?

— Non, le fils?

— Ah! voici où commencent mes incertitudes, car voici où j'ai perdu mon jeune camarade de vue.

— Il a fait la guerre?

— Je crois qu'il a servi

— Dans quelle arme?

— Dans la marine.

— Voyons, vous n'êtes pas son confesseur ?

— Non, Monsieur; je le crois luthérien.

Comment, luthérien ?

— Je dis que je crois; je n'affirme pas. D'ailleurs, je croyais la liberté des cultes établie en France?

— Sans doute; aussi n'est-ce point de ses croyances que nous nous occupons en ce moment, c'est de ses acions; au nom de M. le préfet de police, je vous somme de dire ce que vous en save.

— Il passe pour un homm fort charitable. Notre Saint-Père le Pape l'a fait chevalier du Christ, faveur qu'il n'accorde guère qu'aux princes, pour les services éminents qu'il a rendus aux chrétiens d'Orient; il a cinq ou six grands cordons conquis par des services rendus ainsi aux princes ou aux Etats.

— Et il les porte?

— Non, mais il en est fier; il dit qu'il aime mieux les récompenses accordées aux bienfaiteurs de l'humanité que celles accordées aux destructeurs des hommes.

— C'est donc un quaker que cet homme-là?

— Justement c'est un quaker, moins le grand chapeau et l'habit marron, bien entendu.

— Lui connaît-on des amis ?

— Oui, car il a pour amis tous ceux qui le connaissent.

— Mais enfin, il a bien quelque ennemi ?

— Un seul.

— Comment le nommez-vous ?

— Lord Wilmore.

— Où est-il ?

— A Paris, dans ce moment même.

— Et il peut me donner des renseignements ?

— Précieux. Il était dans l'Inde en même temps que Zaccone.

— Savez-vous où il demeure ?

— Quelque part dans la Chaussée-d'Antin ; mais j'ignore la rue et le numéro.

— Vous êtes mal avec cet Anglais ?

— J'aime Zaccone et lui le déteste ; nous sommes en froid à cause de cela.

— Monsieur l'abbé, pensez-vous que le comte de Monte-Christo soit jamais venu en France avant le voyage qu'il vient de faire à Paris ?

— Ah ! pour cela je puis vous répondre pertinemment. Non, Monsieur, il n'y est jamais venu, puisqu'il s'est adressé à moi, il y a six mois, pour avoir les renseignements qu'il désirait. De mon côté, comme j'ignorais à quelle époque je serais moi-même de retour à Paris, je lui ai adressé M. Cavalcanti.

— Andréa.

— Non ; Bartoloméo, le père.

— Très-bien, Monsieur ; je n'ai plus à demander qu'une chose, et je vous somme au nom de l'honneur, de l'humanité et de la religion, de me répondre sans détour.

— Dites, Monsieur.

— Savez-vous dans quel but M. de Monte-Christo a acheté une maison à Auteuil ?

L'abbé salua une dernière fois en ouvrant la porte; l'étranger salua à son tour et sortit.

La voiture le conduisit droit chez M. de Villefort.

Une heure après, la voiture sortit de nouveau, et cette fois se dirigea vers la rue Fontaine-Saint-Georges. Au n° 5, elle s'arrêta. C'était là que demeurait lord Wilmore.

L'étranger avait écrit à lord Wilmore pour lui demander un rendez-vous que celui-ci avait fixé à dix heures. Aussi, comme l'envoyé de M. le préfet de police arriva à dix heures moins dix minutes, lui fut-il répondu que lord Wilmore, qui était l'exactitude et la ponctualité en personne, n'était pas encore rentré, mais qu'il rentrerait pour sûr à dix heures sonnant.

Le visiteur attendit dans le salon. Ce salon n'avait rien de remarquable et était comme tous les salons d'hôtel garni. Une cheminée avec deux vases de Sèvres modernes, une pendule avec un amour tendant son arc, une glace en deux morceaux, de chaque côté de cette glace une gravure, représentant, l'une Homère portant son guide, l'autre Bélisaire demandant l'aumône; un papier gris sur gris; un meuble en drap rouge imprimé de noir, tel était le salon de lord Wilmore.

Il était éclairé par des globes de verre dépoli qui ne répandaient qu'une faible lumière, laquelle semblait ménagée exprès pour les yeux fatigués de l'envoyé de M. le préfet de police.

Au bout de dix minutes d'attente, la pendule sonna dix heures; au cinquième coup, la porte s'ouvrit, et lord Wilmore parut.

Lord Wilmore était un homme plutôt grand que petit, avec des favoris rares et roux, le teint blanc et les cheveux blonds grisonnants. Il était vêtu avec toute l'excentricité anglaise, c'est-à-dire qu'il portait un habit bleu à boutons d'or et à haut collet piqué, comme on les portait en 1811; un gilet de casimir blanc et un pantalon de nankin de trois pouces trop court, mais que des sous-pieds de même étoffe empêchaient de remonter jusqu'aux genoux.

Son premier mot en entrant fut :

— Vous savez, Monsieur, que je ne parle pas français.

— Je sais, du moins, que vous n'aimez pas à parler notre langue, répondit l'envoyé de M. le préfet de police.

— Mais vous pouvez la parler, vous, reprit lord Wilmore; car, si je ne la parle pas, je la comprends.

— Et moi, reprit le visiteur, en changeant d'idiôme, je parle assez facilement l'anglais pour soutenir la conversation dans cette langue. Ne vous gênez donc pas, Monsieur.

— Hao! fit lord Wilmore avec cette intonation qui n'appartient qu'aux naturels les plus purs de la Grande-Bretagne.

L'envoyé du préfet de police présenta à lord Wilmore sa lettre d'introduction. Celui-ci la lut avec un flegme tout anglican; puis, lorsqu'il eut terminé sa lecture :

— Je comprends, dit-il en anglais; je comprends très-bien.

Alors commencèrent les interrogations.

Elles furent à peu près les mêmes que celles qui avaient été adressées à l'abbé Busoni. Mais comme lord Wilmore, en sa qualité d'ennemi du comte de Monte-Christo, n'y mettait pas la même retenue que l'abbé, elles furent beaucoup plus étendues; il raconta la jeunesse de Monte-Christo, qui, selon lui, était, à l'âge de dix ans, entré au service d'un de ces petits souverains de l'Inde, qui font la guerre aux Anglais; c'est là qu'il l'avait, lui, Wilmore, rencontré pour la première fois, et qu'ils avaient combattu l'un contre l'autre. Dans cette guerre, Zaccone avait été fait prisonnier, avait été envoyé en Angleterre, mis sur les pontons, d'où il s'était enfui à la nage. Alors avaient commencé ses voyages, ses duels, ses passions; alors était arrivée l'insurrection de Grèce, et il avait servi dans les rangs des Grecs. Tandis qu'il était à leur service, il avait découvert une mine d'argent dans les montagnes de la Thessalie, mais il s'était bien gardé de parler de cette découverte à personne. Après Navarin, et lorsque le gouvernement grec fut consolidé, il demanda au roi Othon un privilège d'exploitation pour cette mine;

ce privilège lui fut accordé. De là cette fortune immense qui pouvait, selon lord Wilmore, monter à un ou deux millions de revenu, fortune qui, néanmoins, pouvait tarir tout-à-coup, si la mine elle-même tarissait.

— Mais, demanda le visiteur, savez-vez-vous pourquoi il est venu en France?

— Il veut spéculer sur les chemins de fer, dit lord Wilmore; et puis, comme il est chimiste habile et physicien non moins distingué, il a découvert un nouveau télégraphe dont il poursuit l'application.

— Combien dépense-t-il à peu près par an? demanda l'envoyé de M. le préfet de police.

— Oh! cinq ou six cent mille francs, tout au plus, dit lord Wilmore; il est avare.

Il était évident que la haine faisait parler l'Anglais, et que, ne sachant quelle chose reprocher au comte, il lui reprochait son avarice.

— Savez-vous quelque chose de sa maison d'Auteuil?

— Oui, certainement.

— Eh bien, qu'en savez-vous?

— Vous demandez dans quel but il l'a achetée?

— Oui.

— Eh bien! le comte est un spéculateur qui se ruinera certainement en essais et en utopies : il prétend qu'il y a à Auteuil, dans les environs de la maison qu'il vient d'acquérir, un courant d'eau minérale qui peut rivaliser avec les eaux de Bagnères de Luchon et de Cauterets. Il veut faire de son acquisition un *badhaus*, comme disent les Allemands. Il a déjà deux ou trois fois retourné tout son jardin pour retrouver le fameux cours d'eau ; et comme il n'a pas pu le découvrir, vous allez lui voir, d'ici à peu de temps, acheter les maisons qui environnent la sienne. Or, comme je lui en veux, et que j'espère que dans son chemin de fer, dans son télégraphe électrique ou dans son exploitation de bains, il va se ruiner, je le suis pour jouir de sa déconfiture, qui ne peut manquer d'arriver un jour ou l'autre.

— Et pourquoi lui en voulez-vous ? demanda le visiteur.

— Je lui en veux, répondit lord Wilmore, parce qu'en passant en Angleterre, il a séduit la femme d'un de mes amis.

— Mais si vous lui en voulez, pourquoi ne cherchez-vous pas à vous venger de lui?

— Je me suis déjà battu trois fois avec le comte, dit l'Anglais : la première fois au pistolet, la seconde à l'épée, la troisième à l'espadon.

— Et le résultat de ces duels a été...

— La première fois, il m'a cassé le bras; la seconde fois, il m'a traversé le poumon; et la troisième, il m'a fait cette blessure.

L'Anglais rabattit un col de chemise qui lui montait jusqu'aux oreilles et montra une cicatrice dont la rougeur indiquait la date peu ancienne.

— De sorte que je lui en veux beaucoup, répéta l'Anglais, et qu'il ne mourra bien sûr que de ma main.

— Mais, dit l'envoyé de la préfecture, vous ne prenez pas le chemin de le tuer, ce me semble.

— Hao! fit l'Anglais, tous les jours je vais au tir, et tous les deux jours Grisier vient chez moi.

C'était ce que voulait savoir le visiteur, ou plutôt c'était tout ce que paraissait savoir l'Anglais. L'agent se leva donc, et, après avoir salué lord Wilmore, qui lui répondit avec la roideur et la politesse anglaises, il se retira.

De son côté, lord Wilmore, après avoir entendu se refermer sur lui la porte de la rue, rentra dans sa chambre à coucher, où, en un tour de main, il perdit ses cheveux blonds, ses favoris roux, sa fausse mâchoire et sa cicatrice, pour retrouver les cheveux noirs, le teint mat et les dents de perle du comte de Monte-Christo.

Il est vrai que, de son côté, ce fut M. de Villefort, et non l'envoyé de M. le préfet de police qui rentra chez M. de Villefort.

Le procureur du roi était un peu tranquillisé par cette double visite, qui, au reste, ne lui avait rien appris de rassurant, mais qui ne lui avait rien appris non plus d'inquiétant. Il en résulta que, pour la première fois depuis le dîner d'Auteuil, il dormit la nuit suivante avec quelque tranquillité.

CHAPITRE III.

LE BAL.

On en était arrivé aux plus chaudes journées de juillet, lorsque vint se présenter à son tour, dans l'ordre des temps, ce samedi où devait avoir lieu le bal de M. de Morcerf.

Il était dix heures du soir : les grands arbres du jardin de l'hôtel du comte se détachaient en vigueur sur un ciel où glissaient, découvrant une tenture d'azur parsemée d'étoiles d'or, les dernières vapeurs d'un orage qui avait grondé menaçant toute la journée.

Dans les salles du rez-de-chaussée on entendait bruire la musique et tourbillonner la valse et le galop, tandis que des bandes éclatantes de lumières passaient tranchantes à travers les ouvertures des persiennes.

Le jardin était livré en ce moment à une dixaine de serviteurs, à qui la maîtresse de la maison, rassurée par le temps qui se rassérénait de plus en plus, venait de donner l'ordre de dresser le souper.

Jusque-là on avait hésité si l'on souperait dans la salle à manger ou sous une longue tente de coutil dressée sur la pelouse. Ce beau ciel bleu, tout parsemé d'étoiles, venait de décider le procès en faveur de la tente et de la pelouse.

On illuminait les allées du jardin avec des lanternes de couleur, comme c'est l'habitude en Italie, et l'on surchargeait de bougies et de fleurs la table du souper, comme c'est l'usage dans tous les pays où l'on comprend un peu ce luxe de la table, le plus rare de tous les luxes, quand on veut le rencontrer complet.

Au moment où la comtesse de Morcerf rentrait dans ses salons, après avoir donné ses derniers ordres, les salons commençaient à se remplir d'invités qu'attirait la charmante hospitalité de la comtesse, bien plus que la position distinguée du comte ; car on était sûr d'avance que cette fête offrirait, grâce au bon goût de Mercédès, quelques détails dignes d'être racontés ou copiés au besoin.

Madame Danglars, à qui les évènements que nous avons racontés avaient inspiré une profonde inquiétude, hésitait à aller chez madame de Morcerf, lorsque dans la matinée sa voiture avait croisé celle de Villefort. Villefort lui avait fait un signe, les deux voitures s'étaient rapprochées, et à travers les portières :

— Vous allez chez madame de Morcerf, n'est-ce pas ? avait demandé le procureur du roi.

— Non, avait répondu madame Danglars, je suis trop souffrante.

— Vous avez tort, reprit Villefort, avec un regard significatif; il serait important que l'on vous y vît.

— Ah! croyez-vous? demanda la baronne.

— Je le crois.

— En ce cas, j'irai.

Et les deux voitures avaient repris leur course divergente. Madame Danglars était donc venue, non-seulement belle de sa propre beauté, mais encore éblouissante de luxe; elle entrait par une porte au moment même où Mercédès entrait par l'autre.

La comtesse détacha Albert au-devant de madame Danglars; Albert s'avança, fit à la baronne, sur sa toilette, les compliments mérités, et lui prit le bras pour la conduire à la place qu'il lui plairait de choisir.

Albert regarda autour de lui.

— Vous cherchez ma fille? dit en souriant la baronne.

— Je l'avoue, dit Albert; auriez-vous eu la cruauté de ne pas nous l'amener?

— Rassurez-vous, elle a rencontré mademoiselle de Villefort et a pris son bras; tenez, les voici qui nous suivent toutes deux en robes blanches, l'une avec un bouquet de camélias, l'autre avec un bouquet de myosotis; mais dites-moi donc?

— Que cherchez-vous à votre tour? demanda Albert en souriant.

— Est-ce que vous n'aurez pas ce soir le comte de Monte-Christo?

— Dix-sept! répondit Albert.

— Que voulez-vous dire?

— Je veux dire que cela va bien; reprit le vicomte en riant, et que vous êtes la dix-septième personne qui me fait la même question; il va bien le comte!... je lui en fais mon compliment...

— Et répondez-vous à tout le monde comme à moi?

— Ah! c'est vrai, je ne vous ai pas répondu ; rassurez-vous, Madame, nous aurons l'homme à la mode, nous sommes de ses privilégiés.

— Etiez-vous hier à l'Opéra?

— Non.

— Il y était, lui.

— Ah! vraiment! Et l'excentric-man a-t-il fait quelque nouvelle originalité?

— Peut-il se montrer sans cela? Essler dansait dans le *Diable boiteux*; la princesse grecque était dans le ravissement. Après la cachucha, il a passé une bague magnifique dans la queue du bouquet et l'a jeté à la charmante danseuse, qui, au troisième acte, a reparu pour lui faire honneur avec sa bague au doigt. Et sa princesse grecque, l'aurez-vous ?

— Non, il faut que vous vous en priviez ; sa position dans la maison du comte n'est pas assez fixée.

— Tenez, laissez-moi ici, et allez saluer madame de Villefort, dit la baronne ; je vois qu'elle meurt d'envie de vous parler.

Albert salua madame Danglars et s'avança vers madame de Villefort, qui ouvrit la bouche à mesure qu'il approchait.

— Je parie, dit Albert en l'interrompant, que je sais ce que vous allez me dire ?

— Ah ! par exemple ! dit madame de Villefort.

— Si je devine juste, me l'avouerez-vous ?

— Oui.

— D'honneur ?

— D'honneur !

— Vous alliez me demander si le comte de Monte-Christo était arrivé ou allait venir ?

— Pas du tout. Ce n'est pas de lui que je m'occupe en ce moment. J'allais vous demander si vous aviez reçu des nouvelles de M. Franz.

— Oui, hier.

— Que vous disait-il?

— Qu'il partait en même temps que sa lettre.

— Bien. Maintenant, le Comte?

— Le comte viendra, soyez tranquille.

— Vous savez qu'il a un autre nom que Monte-Christo?

— Non. Je ne savais pas.

— Monte-Christo est un nom d'île, et il a un nom de famille.

— Je ne l'ai jamais entendu prononcer.

— Eh bien! je suis plus avancée que vous; il s'appelle Zaccone.

— C'est possible.

— Il est Maltais.

— C'est possible encore.

— Fils d'un armateur.

— Oh! mais, en vérité, vous devriez raconter ces choses-là tout haut, vous auriez le plus grand succès.

— Il a servi dans l'Inde, exploite une mine d'argent en Thessalie, et vient à Paris pour faire un établissement d'eaux minérales à Auteuil.

— Eh bien! à la bonne heure, dit

Morcerf, voilà des nouvelles ! Me permettez-vous de les répéter ?

— Oui, mais petit à petit, une à une, sans dire qu'elles viennent de moi.

— Pourquoi cela ?

— Parce que c'est presqu'un secret surpris.

— A qui ?

— A la police.

— Alors ces nouvelles se débitaient...

— Hier soir, chez le préfet. Paris s'est ému, vous le comprenez bien, à la vue de ce luxe inusité, et la police a pris des informations.

— Bien ! il ne leur manquait plus que d'arrêter le comte comme vagabond, sous prétexte qu'il est trop riche.

— Ma foi, c'est ce qui aurait bien pu lui arriver, si les renseignements n'avaient pas été si favorables.

— Pauvre comte ! Et se doute t-il du péril qu'il a couru ?

— Je ne crois pas.

— Alors, c'est charité que de l'en avertir. A son arrivée, je n'y manquerai pas.

En ce moment, un beau jeune homme aux yeux vifs, aux cheveux noirs, à la moustache luisante, vint saluer respectueusement madame de Villefort. Albert lui tendit la main.

— Madame, dit Albert, j'ai l'honneur de vous présenter M. Maximilien Morrel, capitaine aux spahis, l'un de nos bons et surtout de nos braves officiers.

— J'ai déjà eu le plaisir de rencontrer Monsieur à Auteuil, chez M. le comte de Monte-Christo, répondit madame de Villefort en se détournant avec une froideur marquée.

Cette réponse, et surtout le ton dont elle était faite, serrèrent le cœur du pauvre Morrel; mais une compensation lui était ménagée: en se retournant, il vit à l'encoignure de la porte une belle et blanche figure dont les yeux bleus dilatés et sans expression apparente, s'attachaient sur lui, tandis que le bouquet de myosotis montait lentement à ses lèvres.

Ce salut fut si bien compris, que Morrel, avec la même expression de regard, approcha à son tour son mouchoir de sa bouche; et les deux statues vivantes, dont le cœur battait si rapidement sous le marbre apparent de leur visage, séparées l'une de l'autre par toute la largeur de la salle, s'oublièrent un instant, ou plutôt un instant oublièrent le monde dans cette muette contemplation.

— Elles eussent pu rester plus longtemps ainsi perdues l'une dans l'autre, sans que personne remarquât leur oubli de toutes choses : le comte de Monte-Christo venait d'entrer.

Nous l'avons déjà dit, le comte, soit prestige factice, soit prestige naturel, attirait l'attention partout où il se présentait; ce n'était pas son habit noir, irréprochable il est vrai dans sa coupe, mais simple et sans décorations; ce n'était pas son gilet blanc sans aucune broderie, ce n'était pas son pantalon emboîtant un pied de la forme la plus délicate, qui attiraient l'attention; c'étaient son teint mat, ses cheveux noirs ondés, c'était son visage calme et pur, c'était son œil profond et mélancolique, c'était enfin sa bouche dessinée avec une finesse merveilleuse, et qui prenait si facilement l'expression d'un haut dédain, qui faisaient que tous les yeux se fixaient sur lui.

Il pouvait y avoir des hommes plus

beaux, mais il n'y en avait certes pas de plus *significatifs*, qu'on nous passe cette expression : tout dans le comte voulait dire quelque chose, et avait sa valeur ; car l'habitude de la pensée utile avait donné à ses traits, à l'expression de son visage et au plus insignifiant de ses gestes, une souplesse et une fermeté incomparables.

Et puis, notre monde parisien est si étrange, qu'il n'eût peut-être point fait attention à tout cela, s'il n'y eût eu sous tout cela une mystérieuse histoire dorée par une immense fortune.

Quoi qu'il en soit, il s'avança, sous le poids des regards et à travers l'échange des petits saluts, jusqu'à madame de Morcerf, qui debout devant la cheminée garnie de fleurs, l'avait vu apparaître dans une glace placée en face de la porte, et s'était préparée pour le recevoir.

Elle se retourna donc vers lui avec un sourire composé, au moment même où il s'inclinait devant elle.

Sans doute elle crut que le comte allait lui parler; sans doute, de son côté, le comte crut qu'elle allait lui adresser la parole; mais des deux côtés ils restèrent muets, tant une banalité leur semblait sans doute indigne de tous deux; et, après un échange de salut, Monte-Christo se dirigea vers Albert, qui venait à lui la main ouverte.

— Vous avez vu ma mère? demanda Albert.

— Je viens d'avoir l'honneur de la saluer, dit le comte, mais je n'ai point aperçu monsieur votre père.

— Tenez! il cause là-bas politique dans ce petit groupe de grandes célébrités.

— En vérité, dit Monte-Christo, ces Messieurs que je vois là-bas sont des célébrités? je ne m'en serais pas douté. Et de quel genre? Il y a des célébrités de toute espèce, comme vous savez.

— Il y a d'abord un savant, ce grand monsieur sec ; il a découvert dans la campagne de Rome une espèce de lézard qui a une vertèbre de plus que les autres, et il est revenu faire part à l'Institut de cette découverte. La chose a été longtemps contestée; mais enfin force est restée au grand monsieur sec. La vertèbre avait fait beaucoup de bruit dans le monde savant; le grand monsieur sec n'était que chevalier de la légion-d'honneur, on l'a nommé officier.

— A la bonne heure! dit Monte-Christo, voilà une croix qui me paraît sagement donnée; alors, s'il trouve une seconde vertèbre, on le fera commandeur?

— C'est probable, dit Morcerf.

— Et cet autre qui a eu la singulière idée de s'affubler d'un habit bleu brodé de vert, quel peut-il être?

— Ce n'est pas lui qui a eu l'idée de

s'affubler de cet habit; c'est la République, laquelle, comme vous le savez, était assez peu artiste, et qui, voulant donner un uniforme aux académiciens, a prié David de leur dessiner un habit.

— Ah! vraiment, dit Monte-Christo; ainsi ce monsieur est un académicien?

— Depuis huit jours il fait partie de la docte assemblée.

— Et quel est son mérite, sa spécialité?

— Sa spécialité? Je crois qu'il enfonce des épingles dans la tête des lapins, qu'il fait manger de la garance aux poules, et qu'il repousse avec des baleines la moelle épinière des chiens.

— Et il est de l'Académie des Sciences pour cela?

— Non pas, de l'Académie Française.

— Mais qu'a donc à faire l'Académie Française là-dedans?

— Je vais vous dire, il paraît...

— Que ses expériences ont fait faire un grand pas à la science, sans doute?

— Non, mais qu'il écrit en fort bon style.

— Cela doit, dit Monte-Christo, flatter énormément l'amour-propre des lapins à qui il enfonce des épingles dans la tête, des poules dont il teint les os en rouge, et des chiens dont il repousse la moelle épinière ?

Albert se mit à rire.

— Et cet autre ? demanda le comte.

— Cet autre ?

— Oui, le troisième.

— Ah ! l'habit bleu barbeau ?

— Oui.

— C'est un collègue du comte, celui qui vient de s'opposer le plus chaudement à ce que la chambre des pairs ait un uniforme ; il a eu un grand succès de tribune à ce propos-là ; il était mal avec les gazettes libérales, mais sa noble opposition aux désirs de la cour vient de le raccommoder avec elles ; on parle de le nommer ambassadeur.

— Et quels sont ses titres à la pairie ?

— Il a fait deux ou trois opéras-comiques, pris quatre ou cinq actions au *Siècle*, et voté cinq ou six ans pour le ministère.

— Bravo ! Vicomte, dit Monte-Christo en riant, vous êtes un charmant cicerone; maintenant vous me rendrez un service, n'est-ce pas ?

— Lequel ?

— Vous ne me présenterez pas à ces

messieurs, et s'ils demandent à m'être présentés, vous me préviendrez.

En ce moment le comte sentit qu'on lui posait la main sur le bras; il se retourna, c'était Danglars.

— Ah! c'est vous, Baron! dit-il.

— Pourquoi m'appelez-vous baron? dit Danglars; vous savez bien que je ne tiens pas à mon titre. Ce n'est pas comme vous, Vicomte, vous y tenez, n'est-ce pas, vous?

— Certainement, répondit Albert, attendu que si je n'étais pas vicomte, je ne serais plus rien, tandis que vous, vous pouvez sacrifier votre titre de baron, vous resterez encore millionnaire.

— Ce qui me paraît le plus beau titre sous la royauté de Juillet, reprit Danglars.

— Malheureusement, dit Monte-Christo, on n'est pas millionnaire à vie comme on est baron, pair de France ou académicien; témoin les millionnaires Frank et Poulmann, de Francfort, qui viennent de faire banqueroute.

— Vraiment? dit Danglars en pâlissant.

— Ma foi, j'en ai reçu la nouvelle ce soir par un courrier; j'avais quelque chose comme un million chez eux; mais, averti à temps, j'en ai exigé le remboursement, voici un mois à peu près.

— Ah! mon Dieu! reprit Danglars, ils ont tiré sur moi pour deux cent mille francs.

— Eh bien! vous voilà prévenu, leur signature vaut cinq pour cent.

— Oui, mais je suis prévenu trop tard, dit Danglars, j'ai fait honneur à leur signature.

— Bon! dit Monte-Christo, voilà deux cent mille francs qui sont allés rejoindre...

— Chut! dit Danglars; ne parlez donc pas de ces choses-là... puis, s'approchant de Monte-Christo... surtout devant monsieur Cavalcanti fils, ajouta le banquier, qui, en prononçant ces mots, se tourna en souriant du côté du jeune homme.

Morcerf avait quitté le comte pour aller parler à sa mère. Danglars le quitta pour saluer Cavalcanti fils. Monte-Christo se trouva un instant seul.

Cependant la chaleur commençait à devenir excessive. Les valets circulaient dans les salons avec des plateaux chargés de fruits et de glaces.

Monte-Christo essuya avec son mouchoir son visage mouillé de sueur; mais il se recula quand le plateau passa devant lui, et ne prit rien pour se rafraîchir.

Madame de Morcerf ne perdait pas du regard Monte-Christo. Elle vit passer le plateau sans qu'il y touchât; elle saisit même le mouvement par lequel il s'en éloigna.

— Albert, dit-elle, avez-vous remarqué une chose?

— Laquelle, ma mère?

— C'est que le comte n'a jamais voulu accepter de dîner chez M. de Morcerf.

— Oui, mais il a accepté de déjeuner chez moi, puisque c'est par ce déjeuner qu'il a fait son entrée dans le monde.

— Chez vous n'est pas chez le comte, murmura Mercédès, et depuis qu'il est ici, je l'examine.

— Eh bien?

— Eh bien! il n'a encore rien pris.

— Le comte est très-sobre.

Mercédès sourit tristement.

— Rapprochez-vous de lui, dit-elle, et au premier plateau qui passera, insistez.

— Pourquoi cela, ma mère?

— Faites-moi ce plaisir, Albert, dit Mercédès.

Albert baisa la main de sa mère, et alla se placer près du comte.

Un autre plateau passa, chargé comme les précédents; elle vit Albert insister près du comte, prendre même une glace et la lui présenter, mais il refusa obstinément.

Albert revint près de sa mère; la comtesse était très-pâle.

— Eh bien! dit-elle, vous voyez, il a refusé.

— Oui ; mais en quoi cela peut-il vous préoccuper?

— Vous le savez, Albert, les femmes sont singulières. J'aurais vu avec plaisir le comte prendre quelque chose chez moi, ne fût-ce qu'un grain de grenade. Peut-être au reste ne s'accommode-t-il pas des coutumes françaises, peut-être a-t-il des préférences pour quelque chose.

— Mon Dieu, non! je l'ai vu en Italie

prendre de tout ; sans doute qu'il est mal disposé ce soir.

— Puis, dit la comtesse, ayant toujours habité des climats brûlants, peut-être est-il moins sensible qu'un autre à la chaleur.

— Je ne crois pas, car il se plaignait d'étouffer, et il demandait pourquoi, puisqu'on a déjà ouvert les fenêtres, on n'a pas aussi ouvert les jalousies.

— En effet, dit Mercédès, c'est un moyen de m'assurer si cette abstinence est un parti pris.

Et elle sortit du salon.

Un instant après, les persiennes s'ouvrirent, et l'on put, à travers les jasmins et les clématites qui garnissaient les fenêtres, voir tout le jardin illuminé avec les lanternes et le souper servi sous la tente.

Danseurs et danseuses, joueurs et causeurs poussèrent un cri de joie; tous ces poumons altérés aspiraient avec délices l'air qui entrait à flots.

Au même moment Mercédès reparut, plus pâle qu'elle n'était sortie, mais avec cette fermeté de visage qui était remarquable chez elle dans certaines circonstances. Elle alla droit au groupe dont son mari formait le centre :

— N'enchaînez pas ces Messieurs ici, M. le Comte, dit-elle, ils aimeront autant, s'ils ne jouent pas, respirer au jardin qu'étouffer ici.

— Ah! Madame, dit un vieux général fort galant, qui avait chanté : *Partant pour la Syrie!* en 1809, nous n'irons pas seuls au jardin.

— Soit, dit Mercédès, je vais donc donner l'exemple.

Et se retournant vers Monte-Christo :

— M. le Comte, dit-elle, faites-moi l'honneur de m'offrir votre bras.

Le comte chancela presque à ces simples paroles; puis il regarda un moment Mercédès. Ce moment eut la rapidité de l'éclair, et cependant il parut à la comtesse qu'il durait un siècle, tant Monte-Christo avait mis de pensées dans ce seul regard.

Il offrit son bras à la comtesse; elle s'y appuya, ou, pour mieux dire, elle l'effleura de sa petite main, et tous deux descendirent un des escaliers du perron bordé de rhododendrons et de camélias.

Derrière eux, et par l'autre escalier, s'élancèrent dans le jardin, avec de bruyantes exclamations de plaisir, une vingtaine de promeneurs.

CHAPITRE IV.

LE PAIN ET LE SEL.

Madame de Morcerf entra sous la voûte de feuillage avec son compagnon : cette voûte était une allée de tilleuls qui conduisait à une serre.

— Il faisait trop chaud dans le salon, n'est-ce pas, M. le Comte? dit-elle.

— Oui, Madame, et votre idée de faire ouvrir les portes et les persiennes est une excellente idée.

En achevant ces mots, le comte s'aperçut que la main de Mercédès tremblait.

— Mais vous, dit-il, avec cette robe légère et sans autre préservatif autour du cou que cette écharpe de gaze, vous aurez peut-être froid ? dit-il.

— Savez-vous où je vous mène? dit la comtesse, sans répondre à la question de Monte-Christo.

— Non, Madame, répondit celui-ci ; mais, vous le voyez, je ne fais pas de résistance.

— A la serre, que vous voyez là, au bout de l'allée que nous suivons.

Le comte regarda Mercédès comme pour l'interroger ; mais elle continua son chemin sans rien dire, et de son côté Monte-Christo resta muet.

On arriva dans le bâtiment, tout garni de fruits magnifiques qui, dès le commencement de juillet, atteignaient leur maturité sous cette température toujours calculée pour remplacer la chaleur du soleil, si souvent absente chez nous.

La comtesse quitta le bras de Monte-Christo, et alla cueillir à un ceps une grappe de raisin muscat.

— Tenez, M. le Comte, dit-elle avec

un sourire si triste que l'on eût pu voir poindre les larmes au bord de ses yeux; tenez, nos raisins de France ne sont point comparables, je le sais, à vos raisins de Sicile et de Chypre, mais vous serez indulgent pour notre pauvre soleil du Nord.

Le comte s'inclina, et fit un pas en arrière.

— Vous me refusez? dit Mercédès d'une voix tremblante.

— Madame, répondit Monte-Christo, je vous prie bien humblement de m'excuser; mais je ne mange jamais de muscat.

Mercédès laissa tomber la grappe en soupirant.

Une pêche magnifique pendait à un espalier voisin, chauffé, comme le ceps de vigne, par cette chaleur artificielle de la serre. Mercédès s'approcha du fruit velouté, et le cueillit.

— Prenez cette pêche, alors, dit-elle.

Mais le comte fit le même geste de refus.

— Oh! encore! dit-elle avec un accent si douloureux, qu'on sentait que cet accent étouffait un sanglot; en vérité j'ai du malheur.

Un long silence suivit cette scène; la pêche comme la grappe de raisin avait roulé sur le sable.

— Monsieur le Comte, reprit enfin Mercédès en regardant Monte-Christo d'un œil suppliant, il y a une touchante coutume arabe qui fait amis éternellement ceux qui ont partagé le pain et le sel sous le même toit.

— Je la connais, Madame, répondit le comte ; mais nous sommes en France, et non en Arabie, et en France il n'y a pas plus d'amitiés éternelles que de partage du sel et du pain.

— Mais enfin, dit la comtesse palpitante et les yeux attachés sur les yeux de Monte-Christo dont elle ressaisit presque convulsivement le bras avec ses deux mains, nous sommes amis, n'est-ce pas ?

Le sang afflua au cœur du comte, qui

devint pâle comme la mort, puis, remontant du cœur à la gorge, il envahit ses joues, et ses yeux nagèrent dans le vague pendant quelques secondes, comme ceux d'un homme frappé d'éblouissement.

— Certainement, que nous sommes amis, Madame, répliqua-t-il; d'ailleurs, pourquoi ne le serions-nous pas?

Ce ton était si loin de celui que désirait madame de Morcerf, qu'elle se retourna pour laisser échapper un soupir qui ressemblait à un gémissement.

— Merci, dit-elle.

Et elle se remit à marcher.

Ils firent ainsi le tour du jardin sans prononcer une seule parole.

— Monsieur, reprit tout-à-coup la comtesse après dix minutes de promenade silencieuse, est-il vrai que vous ayez tant vu, tant voyagé, tant souffert?

— J'ai beaucoup souffert, oui, Madame, répondit Monte-Christo.

— Mais vous êtes heureux, maintenant?

— Sans doute, répondit le comte, car personne ne m'entend me plaindre.

— Et votre bonheur présent vous fait l'ame plus douce?

— Mon bonheur présent égale ma misère passée, dit le comte.

— N'êtes-vous point marié? demanda la comtesse.

— Moi, marié! répondit Monte-Christo en tressaillant, qui a pu vous dire cela?

— On ne me l'a pas dit, mais plusieurs fois on vous a vu conduire à l'Opéra une jeune et belle personne.

— C'est une esclave que j'ai achetée à Constantinople, Madame, une fille de prince dont j'ai fait ma fille, n'ayant pas d'autre affection au monde.

— Vous vivez seul ainsi?

— Je vis seul.

— Vous n'avez pas de sœur... de fils... de père?...

— Je n'ai personne.

— Comment pouvez-vous vivre ainsi, sans rien qui vous attache à la vie?

— Ce n'est pas ma faute, Madame. A Malte, j'ai aimé une jeune fille, et j'allais l'épouser, quand la guerre est venue et m'a enlevé loi d'elle comme un tourbillon. J'avais cru qu'elle m'aimait assez pour m'attendre, pour demeurer fidèle même à mon tombeau. Quand je suis revenu, elle était mariée. C'est l'histoire de tout homme qui a passé par l'âge de vingt ans. J'avais peut-être le cœur plus faible que les autres, et j'ai souffert plus qu'ils n'eussent fait à ma place, voilà tout.

La comtesse s'arrêta un moment, comme si elle eût eu besoin de cette halte pour respirer.

— Oui, dit-elle, et cet amour vous est resté au cœur... On n'aime bien qu'une fois... Et avez-vous jamais revu cette femme?

— Jamais.

— Jamais!

— Je ne suis point retourné dans le pays où elle était.

— A Malte?

— Oui, à Malte.

— Elle est à Malte, alors?

— Je le pense.

— Et lui avez-vous pardonné ce qu'elle vous a fait souffrir?

— A elle, oui.

— Mais à elle seulement ; vous haïssez toujours ceux qui vous ont séparé d'elle ?

— Moi, pas du tout ; pourquoi les haïrais-je ?

La comtesse se plaça en face de Monte-Christo ; elle tenait encore à la main un fragment de la grappe parfumée.

— Prenez, dit-elle.

— Jamais je ne mange de muscat, Madame, répondit Monte-Christo comme s'il n'eût été question de rien entre eux à ce sujet.

La comtesse lança la grappe dans le

massif le plus proche avec un geste de désespoir.

— Inflexible ! murmura-t-elle.

Monte-Christo demeura aussi impassible que si le reproche ne lui était pas adressé.

Albert accourait en ce moment.

— Oh ! ma mère ! dit-il, un grand malheur !

— Quoi ? qu'est-il arrivé ? demanda la comtesse en se redressant, comme si après le rêve elle eût été amenée à la réalité ; un malheur, avez-vous dit ? En effet, il doit arriver des malheurs !

— M. de Villefort est ici.

— Eh bien ?

— Il vient chercher sa femme et sa fille.

— Et pourquoi cela ?

— Parce que madame la marquise de Saint-Méran est arrivée à Paris, apportant la nouvelle que M. de Saint-Méran est mort en quittant Marseille, au premier relais. Madame de Villefort, qui était fort gaie, ne voulait ni comprendre ni croire ce malheur; mais mademoiselle Valentine, aux premiers mots, et quelques précautions qu'ait prises son père, a tout deviné; ce coup l'a terrassée comme la foudre, et elle est tombée évanouie.

— Et qu'est M. de Saint-Méran à mademoiselle de Villefort? demanda le comte.

— Son grand-père maternel. Il venait pour hâter le mariage de Franz et de sa petite-fille.

— Ah! vraiment!

— Voilà Franz retardé. Pourquoi M. de Saint-Méran n'est-il pas aussi bien un aïeul de mademoiselle Danglars?

— Albert! Albert! dit madame de Morcerf du ton d'un doux reproche; que dites-vous là? Ah! monsieur le Comte, vous pour qui il a une si grande considération, dites-lui donc qu'il a mal parlé!

Et elle fit quelques pas en avant.

Monte-Christo la regarda si étrangement et avec une expression à la fois si rêveuse et si empreinte d'une affectueuse admiration, qu'elle revint sur ses pas.

Alors elle lui prit la main en même temps qu'elle pressait celle de son fils, et les joignant toutes deux :

— Nous sommes amis, n'est-ce pas? dit-elle.

— Oh! votre ami, Madame, je n'ai point cette prétention, dit le comte, mais en tout cas je suis votre bien respectueux serviteur.

La comtesse partit avec un inexprimable serrement de cœur, et, avant qu'elle eût fait dix pas, le comte lui vit mettre son mouchoir à ses yeux.

— Est-ce que vous n'êtes pas d'accord, ma mère et vous? demanda Albert avec étonnement.

— Au contraire, répondit le comte, puisqu'elle vient de me dire devant vous que nous étions amis.

Et ils regagnèrent le salon, que venaient de quitter Valentine et M. et madame de Villefort.

Il va sans dire que Morrel était sorti derrière eux.

CHAPITRE V.

MADAME DE SAINT-MÉRAN.

Une scène lugubre venait en effet de se passer dans la maison de M. de Villefort.

Après le départ des deux dames pour le bal, où toutes les instances de madame de Villefort n'avaient pu déterminer son mari à l'accompagner, le procureur du roi s'était, selon sa coutume, enfermé dans son cabinet avec une pile de dossiers qui eussent effrayé tout autre, mais qui, dans les temps ordinaires de sa vie, suffisaient à peine à satisfaire son robuste appétit de travailleur.

Mais cette fois, les dossiers étaient chose de forme, Villefort ne s'enfermait point pour travailler, mais pour réfléchir; et sa porte fermée, l'ordre donné qu'on ne le dérangeât que pour choses d'importance, il s'assit dans son fauteuil et se mit à repasser encore une fois dans sa mémoire tout ce qui, depuis sept à huit jours, faisait déborder la coupe de ses sombres chagrins et de ses amers souvenirs.

Alors, au lieu d'attaquer les dossiers

entassés devant lui, il ouvrit un tiroir de son bureau, fit jouer un secret, et tira la liasse de ses notes personnelles, manuscrits précieux, parmi lesquels il avait classé et étiqueté avec des chiffres connus de lui seul les noms de tous ceux qui, dans sa carrière politique, dans ses affaires d'argent, dans ses poursuites de barreau ou dans ses mystérieuses amours, étaient devenus ses ennemis.

Le nombre en était formidable, aujourd'hui qu'il avait commencé à trembler ; et cependant, tous ces noms, si puissants et si formidables qu'ils fussent, l'avaient fait bien des fois sourire, comme sourit le voyageur qui, du faîte culminant de la montagne, regarde à ses pieds les pics aigus, les chemins impraticables et les arêtes des précipices près desquels il a, pour arriver, si longtemps et si péniblement rampé.

Quand il eut bien repassé tous ces noms dans sa mémoire, quand il les eut bien relus, bien étudiés, bien commentés sur ses listes, il secoua la tête.

— Non, murmura-t-il, aucun de ces ennemis n'aurait attendu patiemment et laborieusement jusqu'au jour où nous sommes pour venir m'écraser maintenant avec ce secret. Quelquefois, comme dit Hamlet, le bruit des choses les plus profondément enfoncées sort de terre, et, comme les feux du phosphore, court follement dans l'air ; mais ce sont des flammes qui éclairent un moment pour égarer. L'histoire aura été racontée par le Corse à quelque prêtre, qui l'aura ra-

contée à son tour. M. de Monte-Christo
l'aura sue, et pour s'éclaircir...

Mais à quoi bon s'éclaircir? reprenait
Villefort après un instant de réflexion ;
quel intérêt M. de Monte-Christo, M. Zaccone, fils d'un armateur de Malte, exploi-
tateur d'une mine d'argent en Thessalie,
venant pour la première fois en France,
a-t-il de s'éclaircir d'un fait sombre,
mystérieux et inutile comme celui-là?
Au milieu des renseignements incohé-
rents qui m'ont été donnés par cet abbé
Busoni et par ce lord Wilmore, par cet
ami et par cet ennemi, une seule chose
ressort claire, précise, patente à mes
yeux : c'est que dans aucun temps, dans
aucun cas, dans aucune circonstance, il
ne peut y avoir eu le moindre contact
entre moi et lui.

Mais Villefort se disait ces paroles sans croire lui-même à ce qu'il disait. Le plus terrible pour lui n'était pas encore la révélation, car il pouvait nier, ou même répondre ; il s'inquiétait peu de ce *Manè, Thecel, Pharès*, qui apparaissait tout-à-coup en lettres de sang sur la muraille ; mais ce qui l'inquiétait, c'était de connaître le corps auquel appartenait la main qui les avait tracés.

Au moment où il essayait de se rassurer lui-même, et où, au lieu de cet avenir politique que, dans ses rêves d'ambition, il avait entrevu quelquefois, il se composait, dans la crainte d'éveiller cet ennemi endormi depuis si longtemps, un avenir restreint aux joies du foyer, un bruit de voiture retentit dans la cour, puis il entendit dans son escalier la marche d'une personne âgée, puis des sanglots et des hélas! comme les domestiques en trouvent lorsqu'ils veulent devenir intéressants par la douleur de leurs maîtres.

Il se hâta de tirer le verrou de son cabinet, et bientôt, sans être annoncée, une vieille dame entra, son châle sur le bras et son chapeau à la main. Ses cheveux blanchis découvraient un front mat comme l'ivoire jauni, et ses yeux, à l'angle desquels l'âge avait creusé des rides profondes, disparaissaient presque sous le gonflement des pleurs.

— Oh! Monsieur, dit-elle; ah! Monsieur, quel malheur, moi aussi j'en mourrai; oh! oui, bien certainement j'en mourrai!

— Et, tombant sur le fauteuil le plus proche de la porte, elle éclata en sanglots.

Les domestiques, debout sur le seuil, et n'osant aller plus loin, regardaient le vieux serviteur de Noirtier, qui, ayant entendu ce bruit de la chambre de son maître, était accouru aussi, et se tenait derrière les autres.

Villefort se leva, et courut à sa belle-mère, car c'était elle-même.

— Eh! mon Dieu, Madame, demanda-t-il, qu'est-il passé? qui vous bouleverse ainsi? et M. de Saint-Méran ne vous accompagne-t-il pas?

— M. de Saint-Méran est mort, dit la vieille marquise, sans préambule, sans expression, et avec une sorte de stupeur.

Villefort recula d'un pas, et frappa ses mains l'une contre l'autre.

— Mort! balbutia-t-il... mort ainsi... subitement?

— Il y a huit jours, continua madame de Saint-Méran, nous montâmes ensemble en voiture après dîner. M. de Saint-Méran était souffrant depuis quelques jours; cependant l'idée de revoir notre chère Valentine le rendait courageux, et, malgré ses douleurs, il avait voulu partir, lorsque, à six lieues de Marseille, il fut pris, après avoir mangé ses pastilles habituelles, d'un sommeil si profond, qu'il ne me semblait pas naturel; cependant j'hésitais à le réveiller, quand il me sembla que son visage rougissait et que les veines de ses tempes battaient plus violemment que d'habitude. Mais cependant, comme la nuit était venue et que je ne voyais plus rien, je le laissai dormir; bientôt il poussa un cri sourd et déchirant comme celui d'un homme qui souffre en rêve, et renversa d'un brusque mouvement sa tête en arrière. J'appelai le valet de chambre, je fis arrêter le postillon, j'appelai M. de Saint-Méran, je lui fis respirer mon flacon de sels, tout était fini, il était mort, et ce fut côte à côte avec son cadavre que j'arrivai à Aix.

Villefort demeurait stupéfait et la bouche béante.

— Et vous appelâtes un médecin, sans doute?

— A l'instant même ; mais, comme je vous l'ai dit, il était trop tard.

— Sans doute, mais au moins pouvait-il reconnaître de quelle maladie le pauvre marquis était mort ?

— Mon Dieu ! oui, Monsieur, il me l'a dit : il paraît que c'est d'une apoplexie foudroyante.

— Et que fîtes-vous alors ?

— M. de Saint-Méran avait toujours dit que s'il mourait loin de Paris, il désirait que son corps fût ramené dans le caveau de la famille. Je l'ai fait mettre dans un cercueil de plomb, et je le précède de quelques jours.

— Oh ! mon Dieu, pauvre mère ! dit

Villefort; de pareils soins après un pareil coup, et à votre âge!

— Dieu m'a donné la force jusqu'au bout; d'ailleurs, cher Marquis, il eût certes fait pour moi ce que j'ai fait pour lui. Il est vrai que depuis que je l'ai quitté là-bas, je crois que je suis folle. Je ne peux plus pleurer; il est vrai qu'on dit qu'à mon âge on n'a plus de larmes; cependant il me semble que tant qu'on souffre, on devrait pouvoir pleurer. Où est Valentine, Monsieur? c'est pour elle que nous revenions, je veux voir Valentine.

Villefort pensa qu'il serait affreux de répondre que Valentine était au bal; il dit seulement à la marquise que sa petite-fille était sortie avec sa belle-mère, et qu'on allait la prévenir.

— A l'instant même, Monsieur, à l'instant même, je vous en supplie ! dit la vieille dame.

Villefort mit sous son bras le bras de madame de Saint-Méran, et la conduisit à son appartement.

— Prenez du repos, dit-il, ma mère.

La marquise leva la tête à ce mot, et voyant cet homme qui lui rappelait cette fille tant regrettée qui revivait pour elle dans Valentine, elle se sentit frappée par ce nom de mère, se mit à fondre en larmes, et tomba à genoux dans un fauteuil, où elle ensevelit sa tête vénérable.

Villefort la recommanda aux soins des femmes, tandis que le vieux Barrois remontait tout effaré chez son maître; car rien n'effraie tant les vieillards que lorsque la mort quitte un instant leur côté pour aller frapper un autre vieillard.

Puis, tandis que madame de Saint-Méran, toujours agenouillée, priait du fond du cœur, il envoya chercher une voiture de place, et vint lui-même prendre chez madame de Morcerf sa femme et sa fille, pour les ramener à la maison.

Il était si pâle lorsqu'il parut à la porte du salon, que Valentine courut à lui en s'écriant :

— Oh! mon père! il est arrivé quelque malheur!

— Votre bonne-maman vient d'arriver, Valentine, dit M. de Villefort.

— Et mon grand-père? demanda la jeune fille toute tremblante.

M. de Villefort ne répondit qu'en offrant son bras à sa fille.

Il était temps : Valentine, saisie d'un vertige, chancela ; madame de Villefort se hâta de la soutenir, et aida son mari à l'entraîner vers la voiture en disant :

— Voilà qui est étrange ! qui aurait pu se douter de cela ? Oh! oui, oui, voilà qui est étrange !

Et toute cette famille désolée s'enfuit ainsi, jetant sa tristesse comme un crêpe noir sur le reste de la soirée.

Au bas de l'escalier, Valentine trouva Barrois qui l'attendait :

— M. Noirtier désire vous voir ce soir, dit-il tout bas.

— Dites-lui que j'irai en sortant de chez ma bonne grand'mère, dit Valentine.

Dans la délicatesse de son ame, la jeune fille avait compris que celle qui avait surtout besoin d'elle, à cette heure, c'était madame de Saint-Méran.

Valentine trouva son aïeule au lit; muettes caresses, gonflements si douloureux du cœur, soupirs entrecoupés, larmes brûlantes, voilà quels furent les seuls détails racontables de cette entrevue, à laquelle assistait, au bras de son mari, madame de Villefort, pleine de respect, apparent du moins, pour la pauvre veuve.

Au bout d'un instant elle se pencha à l'oreille de son mari :

— Avec votre permission, dit-elle, mieux vaut que je me retire, car ma vue paraît affliger encore votre belle-mère.

Madame de Saint-Méran l'entendit.

— Oui, oui, dit-elle à l'oreille de Valentine, qu'elle s'en aille; mais reste, toi, reste.

Madame de Villefort sortit, et Valentine demeura seule près du lit de son aïeule, car le procureur du roi, consterné de cette mort imprévue, suivit sa femme.

Cependant Barrois était remonté la première fois près du vieux Noirtier ; celui-ci avait entendu tout le bruit qui se faisait dans la maison, et il avait envoyé, comme nous l'avons dit, le vieux serviteur s'informer.

A son retour, cet œil si vivant et surtout si intelligent interrogea le messager.

— Hélas! Monsieur, dit Barrois, un grand malheur est arrivé. Madame de Saint-Méran est arrivée et son mari est mort.

M. de Saint-Méran et Noirtier n'avaient jamais été liés d'une bien profonde amitié; cependant on sait l'effet que fait toujours sur un vieillard l'annonce de la mort d'un autre vieillard.

Noirtier laissa tomber sa tête sur sa poitrine comme un homme accablé ou comme un homme qui pense, puis il ferma un seul œil.

— Mademoiselle Valentine? dit Barrois.

Noirtier fit signe que oui.

— Elle est au bal, Monsieur le sait bien, puisqu'elle est venue lui dire adieu en grande toilette.

Noirtier ferma de nouveau l'œil gauche.

— Oui, vous voulez la voir?

Le vieillard fit signe que c'était cela qu'il désirait.

— Eh bien, on va l'aller chercher, sans doute, chez madame de Morcerf; je l'attendrai à son retour, et je lui dirai de monter chez vous. Est-ce cela?

— Oui, répondit le paralytique.

Barrois guetta donc le retour de Valentine, et, comme nous l'avons vu, à son tour il lui exposa le désir de son grand-père.

En vertu de ce désir, Valentine monta chez Noirtier au sortir de chez madame de Saint-Méran, qui, tout agitée qu'elle était, avait fini par succomber à la fatigue et dormait d'un sommeil fiévreux.

On avait approché à la portée de sa

main une petite table sur laquelle était une carafe d'orangeade, sa boisson habituelle, et un verre.

Puis, comme nous l'avons dit, la jeune fille avait quitté le lit de la marquise pour monter chez Noirtier.

Valentine vint embrasser le vieillard, qui la regarda si tendrement que la jeune fille sentit de nouveau jaillir de ses yeux des larmes dont elle croyait la source tarie.

Le vieillard insistait avec son regard.

— Oui, oui, dit Valentine, tu veux dire que j'ai toujours un bon grand-père, n'est-ce pas ?

Le vieillard fit signe qu'effectivement c'était cela que son regard voulait dire.

— Hélas! heureusement, reprit Valentine. Sans cela que deviendrais-je, mon Dieu?

Il était une heure du matin. Barrois, qui avait envie de se coucher lui-même, fit observer qu'après une soirée aussi douloureuse, tout le monde avait besoin de repos. Le vieillard ne voulut pas dire que son repos, à lui, c'était de voir son enfant. Il congédia Valentine, à qui effectivement la douleur et la fatigue donnaient un air souffrant.

Le lendemain, en entrant chez sa grand'mère, elle trouva celle-ci au lit; la fièvre ne s'était point calmée, au contraire, un feu sombre brillait dans les yeux de la vieille marquise, et elle paraissait en proie à une violente irritation nerveuse.

— Oh! mon Dieu! bonne maman, souffrez-vous davantage? s'écria Valentine en apercevant tous ces symptômes d'agitation.

— Non, ma fille, non, dit madame de Saint-Méran; mais j'attendais avec impatience que tu fusses arrivée pour envoyer chercher ton père.

— Mon père? demanda Valentine inquiète.

— Oui, je veux lui parler.

Valentine n'osa point s'opposer au désir de son aïeule, dont d'ailleurs elle ignorait la cause, et un instant après Villefort entra.

— Monsieur, dit madame de Saint-Méran, sans employer aucune circonlocution, et comme si elle eût paru craindre que le temps lui manquât, il est question, m'avez-vous écrit, d'un mariage pour cette enfant.

— Oui, Madame, répondit Villefort; c'est même plus qu'un projet, c'est une convention.

— Votre gendre s'appelle M. Franz d'Épinay?

— Oui, Madame.

— C'est le fils du général d'Épinay,

qui était des nôtres, n'est-ce pas, et qui fut assassiné quelques jours avant que l'usurpateur revînt de l'île d'Elbe?

— C'est cela même.

— Cette alliance avec la petite-fille d'un jacobin ne lui répugne pas?

— Nos dissensions civiles se sont heureusement éteintes, ma mère, dit Villefort; M. d'Épinay était presqu'un enfant à la mort de son père; il connaît fort peu M. Noirtier, et le verra, sinon avec plaisir, avec indifférence du moins.

— C'est un parti sortable?

— Sous tous les rapports.

— Le jeune homme?...

— Jouit de la considération générale.

— Il est convenable?

— C'est un des hommes les plus distingués que je connaisse.

Pendant toute cette conversation, Valentine était restée muette.

— Eh! bien, Monsieur, dit après quelques secondes de réflexion madame de Saint-Méran, il faut vous hâter, car j'ai peu de temps à vivre.

— Vous, Madame! vous, bonne maman! s'écrièrent ensemble M. de Villefort et Valentine.

— Je sais ce que dis, reprit la marquise; il faut donc vous hâter, afin que n'ayant plus sa mère, elle ait au moins sa grand'mère pour bénir son mariage. Je suis la seule qui lui reste du côté de ma pauvre Renée, que vous avez si vite oubliée, Monsieur.

— Ah! Madame, dit Villefort, vous oubliez qu'il fallait donner une mère à cette pauvre enfant qui n'en avait plus.

— Une belle-mère n'est jamais une mère, Monsieur. Mais ce n'est pas de cela qu'il s'agit, il s'agit de Valentine; laissons les morts tranquilles.

Tout cela était dit avec une telle volubilité et un tel accent, qu'il y avait quelque chose dans cette conversation qui ressemblait à un commencement de délire.

— Il sera fait selon votre désir, Madame, dit Villefort, et cela d'autant mieux que votre désir est d'accord avec le mien; et aussitôt l'arrivée de M. d'Épinay à Paris...

— Ma bonne mère, dit Valentine, les convenances, le deuil tout récent... voudriez-vous donc faire un mariage sous d'aussi tristes auspices?

— Ma fille, interrompit vivement l'aïeule, pas de ces raisons banales qui empêchent les esprits faibles de bâtir solidement leur avenir. Moi aussi j'ai été mariée au lit de mort de ma mère, et n'ai certes point été malheureuse pour cela.

— Encore cette idée de mort! Madame, reprit Villefort.

— Encore! toujours!... Je vous dis que je vais mourir, entendez-vous? Eh bien! avant de mourir, je veux avoir vu mon gendre; je veux lui ordonner de rendre ma petite-fille heureuse; je veux lire dans ses yeux s'il compte m'obéir; je veux le connaître enfin, moi! continua l'aïeule avec une expression effrayante, pour le venir trouver du fond de mon tombeau s'il n'était pas ce qu'il doit être, s'il n'était pas ce qu'il faut qu'il soit.

— Madame, dit Villefort, il faut éloigner de vous ces idées exaltées, qui touchent presqu'à la folie. Les morts, une fois couchés dans leur tombeau, y dorment sans se relever jamais.

— Oh! oui, oui, bonne mère, calme-toi! dit Valentine.

— Et moi, Monsieur, je vous dis qu'il n'en est point ainsi que vous croyez. Cette nuit j'ai dormi d'un sommeil terrible; car je me voyais en quelque sorte dormir comme si mon âme eût déjà plané au-dessus de mon corps : mes yeux, que je m'efforçais d'ouvrir, se refermaient malgré moi ; et cependant je sais bien que cela va vous paraître impossible, à vous, Monsieur, surtout ; eh bien ! avec mes yeux fermés, j'ai vu, à l'endroit même où vous êtes, venant de cet angle où il y a une porte qui donne dans le cabinet de toilette de madame de Villefort, j'ai vu entrer sans bruit une forme blanche.

Valentine jeta un cri.

— C'était la fièvre qui vous agitait, Madame, dit Villefort.

— Doutez, si vous voulez, mais je suis sûre de ce que je dis : j'ai vu une forme blanche ; et comme si Dieu eût craint que je récusasse le témoignage d'un seul de mes sens, j'ai entendu remuer mon verre, tenez, celui-là même qui est ici, là, sur la table.

— Oh ! bonne mère, c'était un rêve.

— C'était si peu un rêve, que j'ai étendu la main vers la sonnette, et qu'à ce geste l'ombre a disparu. La femme de chambre est entrée alors avec une lumière.

— Mais vous n'avez vu personne ?

— Les fantômes ne se montrent qu'à ceux qui doivent les voir : c'était l'ame de mon mari. Eh bien ! si l'ame de mon mari revient pour m'appeler, pourquoi mon ame à moi ne reviendrait-elle pas pour défendre ma petite-fille? Le lien est encore plus direct, ce me semble.

— Oh! Madame, dit Villefort remué malgré lui jusqu'au fond des entrailles, ne donnez pas l'essor à ces lugubres idées; vous vivrez avec nous, vous vivrez longtemps heureuse, aimée, honorée, et nous vous ferons oublier...

— Jamais, jamais, jamais! dit la marquise. Quand revient M. d'Épinay?

— Nous l'attendons d'un moment à l'autre.

— C'est bien ; aussitôt qu'il sera arrivé, prévenez-moi. Hâtons-nous, hâtons-nous. Puis, je voudrais aussi voir un notaire pour m'assurer que tout notre bien revient à Valentine.

— Oh! ma mère, murmura Valentine, en appuyant ses lèvres sur le front brûlant de l'aïeule, vous voulez donc me faire mourir? Mon Dieu! vous avez la fièvre. Ce n'est pas un notaire qu'il faut appeler, c'est un médecin!

— Un médecin, dit-elle en haussant les épaules; je ne souffre pas; j'ai soif, voilà tout.

— Que buvez-vous, bonne maman?

— Comme toujours, tu sais bien, mon orangeade. Mon verre est là sur cette table; passe-le-moi, Valentine.

Valentine versa l'orangeade de la carafe dans un verre et le prit avec un certain effroi pour le donner à sa grand'-mère, car c'était ce même verre qui, prétendait-elle, avait été touché par l'ombre.

La marquise vida le verre d'un seul trait.

Puis elle se retourna sur son oreiller en répétant :

— Le notaire ! le notaire !

M. de Villefort sortit, Valentine s'assit près du lit de sa grand'mère. La pauvre enfant semblait avoir grand besoin elle-même de ce médecin qu'elle avait recommandé à son aïeule. Une rougeur pareille à une flamme brûlait la pommette de ses joues, sa respiration était courte et haletante, et son pouls battait comme si elle avait eu la fièvre.

C'est qu'elle songeait, la pauvre enfant, au désespoir de Maximilien quand il apprendrait que madame de Saint-Méran, au lieu de lui être une alliée, agissait, sans le connaître, comme si elle lui était ennemie.

Plus d'une fois Valentine avait songé à tout dire à sa grand'mère, et elle n'eût pas hésité un seul instant si Maximilien Morrel s'était appelé Albert de Morcerf ou Raoul de Château-Renaud ; mais Morrel était d'extraction plébéienne, et Valentine savait le mépris que l'orgueilleuse marquise de Saint-Méran avait pour tout ce qui n'était point de race. Son secret avait donc toujours, au moment où il allait se faire jour, été repoussé dans son cœur par cette triste certitude qu'elle le livrerait inutilement, et qu'une fois ce secret connu de son père et de sa belle-mère, tout serait perdu.

Deux heures à peu près s'écoulèrent ainsi. Madame de Saint-Méran dormait d'un sommeil ardent et agité. On annonça le notaire.

Quoique cette annonce eût été faite très-bas, madame de Saint-Méran se souleva sur son oreiller.

— Le notaire? dit-elle; qu'il vienne! qu'il vienne!

Le notaire était à la porte, il entra.

— Va-t'en, Valentine, dit madame de Saint-Méran, et laisse-moi avec Monsieur.

— Mais, ma mère...

— Va, va.

La jeune fille baisa son aïeule au front et sortit le mouchoir sur les yeux.

A la porte elle trouva le valet de chambre qui lui dit que le médecin attendait au salon.

Valentine descendit rapidement. Le médecin était un ami de la famille, et en même temps un des hommes les plus habiles de l'époque : il aimait beaucoup Valentine qu'il avait vue venir au monde. Il avait une fille de l'âge de mademoiselle de Villefort à peu près, mais née d'une mère poitrinaire; sa vie était une crainte continuelle à l'égard de son enfant.

— Oh! dit Valentine, cher monsieur d'Avrigny, nous vous attendions avec bien de l'impatience. Mais avant toutes choses, comment se portent Madeleine et Antoinette?

Madeleine était la fille de M. d'Avrigny, et Antoinette sa nièce.

M. d'Avrigny sourit tristement.

— Très-bien, Antoinette, dit-il; assez bien, Madeleine. Mais vous m'avez envoyé chercher, chère enfant? dit-il. Ce n'est ni votre père, ni madame de Villefort qui est malade? Quant à nous, quoiqu'il soit visible que nous ne pouvons pas nous débarrasser de nos nerfs, je ne présume pas que vous ayez besoin de moi autrement que pour que je vous recommande de ne pas trop laisser notre imagination battre la campagne?

Valentine rougit; M. d'Avrigny poussait la science de la devination presque jusqu'au miracle, car c'était un de ces médecins qui traitent toujours le physique par le moral.

— Non, dit-elle, c'est pour ma pauvre grand'mère. Vous savez le malheur qui nous est arrivé, n'est-ce pas?

— Je ne sais rien, dit M. d'Avrigny.

— Hélas! dit Valentine en comprimant ses sanglots, mon grand-père est mort.

— M. de Saint-Méran?

— Oui.

— Subitement?

— D'une attaque d'apoplexie foudroyante.

— D'une apoplexie? répéta le médecin.

— Oui. De sorte que ma pauvre grand'mère est frappée de l'idée que son mari, qu'elle n'avait jamais quitté, l'appelle, et qu'elle va aller le rejoindre. Oh! M. d'Avrigny, je vous recommande bien ma pauvre grand'mère!

— Où est-elle?

— Dans sa chambre, avec le notaire.

— Et M. Noirtier?

— Toujours le même, une lucidité d'esprit parfaite; mais la même immobilité, le même mutisme.

— Et le même amour pour vous, n'est-ce pas, ma chère enfant?

— Oui, dit Valentine en soupirant, il m'aime bien, lui.

— Qui ne vous aimerait pas?

Valentine sourit tristement.

— Et qu'éprouve votre grand'mère?

— Une excitation nerveuse singulière, un sommeil agité et étrange; elle prétendait ce matin que pendant son sommeil son ame planait au-dessus de son corps qu'elle regardait dormir, c'est du délire; elle prétend avoir vu un fantôme entrer dans sa chambre, et avoir entendu le bruit que faisait le prétendu fantôme en touchant à son verre.

— C'est singulier, dit le docteur, je ne savais pas madame de Saint-Méran sujette à ces hallucinations.

— C'est la première fois que je l'ai vue ainsi, dit Valentine, et ce matin elle m'a fait grand'peur, je l'ai crue folle; et mon père, certes, M. d'Avrigny, vous connaissez mon père pour un esprit sérieux, eh bien, mon père lui-même a paru fortement impressionné.

— Nous allons voir, dit M. d'Avrigny ; ce que vous me dites là me semble étrange.

Le notaire descendait, on vint prévenir Valentine que sa grand'mère était seule.

— Montez, dit-elle au docteur.

— Et vous ?

— Oh ! moi, je n'ose, elle m'avait défendu de vous envoyer chercher ; puis, comme vous le dites, moi-même je suis agitée, fiévreuse, mal disposée ; je vais faire un tour au jardin pour me remettre.

Le docteur serra la main à Valentine, et, tandis qu'il montait chez sa grand'-mère, la jeune fille descendit le perron.

Nous n'avons pas besoin de dire quelle portion du jardin était la promenade favorite de Valentine. Après avoir fait deux ou trois tours dans le parterre qui entourait la maison, après avoir cueilli une rose pour mettre à sa ceinture ou dans ses cheveux, elle s'enfonçait sous l'allée sombre qui conduisait au banc, puis du banc elle allait à la grille.

Cette fois Valentine fit, selon son habitude, deux ou trois tours au milieu de ses fleurs, mais sans en cueillir ; le deuil de son cœur, qui n'avait pas encore eu le temps de s'étendre sur sa personne, repoussait ce simple ornement; puis elle s'achemina vers son allée. A mesure qu'elle avançait, il lui semblait entendre une voix qui prononçait son nom. Elle s'arrêta étonnée.

Alors cette voix arriva plus distincte à son oreille, et elle reconnut la voix de Maximilien.

CHAPITRE VI.

LA PROMESSE.

C'était en effet Morrel, qui depuis la veille ne vivait plus : avec cet instinct particulier aux amants et aux mères, il avait deviné qu'il allait, à la suite de ce retour de madame de Saint-Méran et de la mort du marquis, se passer quelque chose chez Villefort qui intéresserait son amour pour Valentine.

Comme on va le voir, ses pressentiments s'étaient réalisés, et ce n'était plus une simple inquiétude qui le conduisait si effaré et si tremblant à la grille des marronniers.

Mais Valentine n'était pas prévenue de l'attente de Morrel, ce n'était pas l'heure où il venait ordinairement, et ce fut un pur hasard, ou, si on l'aime mieux, une heureuse sympathie qui la conduisit au jardin.

Quand elle parut, Morrel l'appela; elle courut à la grille.

— Vous à cette heure? dit-elle.

— Oui, pauvre amie, répondit Morrel. Je viens chercher et apporter de mauvaises nouvelles.

— C'est donc la maison du malheur! dit Valentine; parlez, Maximilien; mais, en vérité, la somme de douleurs est déjà bien suffisante.

— Chère Valentine, dit Morrel, essayant de se remettre de sa propre émotion pour parler convenablement, écoutez-moi bien, je vous prie; car tout ce que je vais vous dire est solennel. A quelle époque compte-t-on vous marier?

— Écoutez, dit à son tour Valentine, je ne veux rien vous cacher, Maximilien. Ce matin on a parlé de mon mariage, et ma grand'mère, sur laquelle j'avais compté comme sur un appui qui ne me manquerait pas, non-seulement s'est déclarée pour ce mariage, mais encore le désire à tel point que le retour seul de M. d'Epinay le retarde, et que le lendemain de son arrivée le contrat sera signé.

Un pénible soupir ouvrit la poitrine du jeune homme, et il regarda longuement et tristement la jeune fille.

— Hélas! reprit-il à voix basse, il est affreux d'entendre dire tranquillement par la femme qu'on aime : le moment de votre supplice est fixé; c'est dans quelques heures qu'il aura lieu. Mais n'importe, il faut que cela soit ainsi, et de ma part je n'y apporterai aucune opposition. Eh bien! puisque, dites-vous, on n'attend plus que M. d'Épinay pour signer le contrat, puisque vous serez à lui le lendemain de son arrivée, c'est demain que vous serez engagée à M. d'Epinay, car il est arrivé à Paris ce matin.

Valentine poussa un cri.

— J'étais chez le comte de Monte-Christo il y a une heure, dit Morrel ; nous causions, lui de la douleur de votre maison, et moi de votre douleur, quand tout-à-coup une voiture roule dans la cour. Ecoutez : jusque-là je ne croyais pas aux pressentiments, Valentine, mais maintenant il faut bien que j'y croie : au bruit de cette voiture, un frisson m'a pris ; bientôt j'ai entendu des pas sur l'escalier ; les pas retentissants du commandeur n'ont pas plus épouvanté don

Juan que ces pas ne m'ont épouvanté. Enfin la porte s'ouvre, Albert de Morcerf entre le premier, et j'allais douter de moi-même, j'allais croire que je m'étais trompé, quand derrière lui s'avance un autre jeune homme, et que le comte s'est écrié :

— Ah! M. le baron Franz d'Épinay!

Tout ce que j'ai de force et de courage dans le cœur, je l'ai appelé pour me contenir. Peut-être ai-je pâli, peut-être ai-je tremblé, mais à coup sûr je suis resté le sourire sur les lèvres ; mais cinq minutes après je suis sorti sans avoir entendu un mot de ce qui s'est dit pendant ces cinq minutes; j'étais anéanti.

— Pauvre Maximilien! murmura Valentine.

— Me voilà, Valentine. Voyons, maintenant, répondez-moi comme à un homme à qui votre réponse va donner la mort ou la vie : que comptez-vous faire ?

Valentine baissa la tête ; elle était accablée.

— Ecoutez, dit Morrel, ce n'est pas la première fois que vous pensez à la situation où nous sommes arrivés ; elle est grave, elle est pressante, elle est suprême ; je ne pense pas que ce soit le moment de s'abandonner à une douleur stérile : cela est bon pour ceux qui veulent souffrir à l'aise et boire leurs larmes à loisir. Il y a des gens comme cela, et Dieu sans doute leur tiendra compte au ciel de leur résignation sur la terre ; mais quiconque se sent la volonté de lutter ne perd pas un temps précieux, et rend immédiatement à la fortune le coup qu'il en a reçu. Est-ce votre volonté de lutter contre la mauvaise fortune, Valentine, dites, car c'est cela que je viens vous demander?

Valentine tressaillit, et regarda Morrel avec de grands yeux effarés. Cette idée de résister à son père, à sa grand'mère, à toute sa famille, enfant, ne lui était pas même venue.

— Que me dites-vous, Maximilien, demanda Valentine, et qu'appelez-vous une lutte? Oh! dites un sacrilège. Qui, moi, je lutterais contre l'ordre de mon père, contre le vœu de mon aïeule mourante? c'est impossible!

Morrel fit un mouvement.

— Vous êtes un trop noble cœur pour ne pas me comprendre, et vous me comprenez si bien, cher Maximilien, que je vous vois réduit au silence. Lutter, moi ! Dieu m'en préserve ! Non, non, je garde toute ma force pour lutter contre moi-même et pour boire mes larmes, comme vous dites ; quant à affliger mon père, quant à troubler les derniers moments de mon aïeule, jamais !

— Vous avez bien raison, dit flegmatiquement Morrel.

— Comme vous me dites cela, mon Dieu ! s'écria Valentine blessée.

— Je vous dis cela comme un homme qui vous admire, Mademoiselle, reprit Maximilien.

— Mademoiselle! s'écria Valentine, Mademoiselle! oh! l'égoïste! il me voit au désespoir et feint de ne me pas comprendre.

— Vous vous trompez, et je vous comprends parfaitement au contraire. Vous ne voulez pas contrarier M. de Villefort, vous ne voulez pas désobéir à la marquise, et demain vous signerez le contrat qui doit vous lier à votre mari.

— Mais, mon Dieu! puis-je donc faire autrement?

— Il ne faut pas en appeler à moi, Mademoiselle, car je suis un mauvais juge dans cette cause, et mon égoïsme m'aveuglera, répondit Morrel, dont la voix sourde et les poings fermés annonçaient l'exaspération croissante.

— Que m'eussiez-vous donc proposé, Morrel, si vous m'aviez trouvée disposée à accepter votre proposition ? Voyons, répondez. Il ne s'agit pas de dire : vous faites mal, il faut donner un conseil.

— Est-ce sérieusement que vous me dites cela, Valentine, et dois-je le donner ce conseil, dites ?

— Certainement, cher Maximilien, car s'il est bon je le suivrai, vous savez bien que je suis dévouée à mes affections.

— Valentine, dit Morrel en achevant d'écarter une planche déjà disjointe, donnez-moi votre main en preuve que vous me pardonnez ma colère; c'est que j'ai la tête bouleversée, voyez-vous, et que depuis une heure les idées les plus insensées ont tour-à-tour traversé mon esprit. Oh! dans le cas où vous refuseriez mon conseil...

— Eh bien ! ce conseil ?

— Le voici, Valentine.

La jeune fille leva les yeux au ciel et poussa un soupir.

— Je suis libre, reprit Maximilien, je suis assez riche pour nous deux ; je vous jure que vous serez ma femme avant que mes lèvres se soient posées sur votre front.

—Vous me faites trembler ! dit la jeune fille.

— Suivez-moi, continua Morrel ; je vous conduis chez ma sœur qui est digne d'être votre sœur; nous nous embarquerons pour Alger, pour l'Angleterre ou pour l'Amérique, si vous n'aimez pas mieux nous retirer ensemble dans quelque province, où nous attendrons, pour revenir à Paris, que nos amis aient vaincu la résistance de votre famille.

Valentine secoua la tête.

— Je m'y attendais, Maximilien, dit-elle : c'est un conseil d'insensé, et je serais encore plus insensée que vous, si je ne vous arrêtais pas à l'instant avec ce seul mot : impossible, Morrel, impossible.

— Vous suivrez donc votre fortune, telle que le sort vous la fera et sans même essayer de la combattre? dit Morrel rembruni.

— Oui, dussé-je en mourir!

— Eh bien! Valentine, reprit Maximilien, je vous répéterai encore que vous avez raison. En effet, c'est moi qui suis un fou, et vous me prouvez que la passion aveugle les esprits les plus justes. Merci donc, à vous qui raisonnez sans passion. Soit donc, c'est une chose entendue; demain, vous serez irrévocablement promise à M. Franz d'Epinay, non point par cette formalité de théâtre inventée pour dénouer les pièces de comédie, et qu'on appelle la signature du contrat, mais par votre propre volonté.

— Encore une fois, vous me désespérez, Maximilien, dit Valentine, encore une fois, vous retournez le poignard dans la plaie! Que feriez-vous, dites, si votre sœur écoutait un conseil comme celui que vous me donnez?

— Mademoiselle, reprit Morrel avec un sourire amer, je suis un égoïste, vous l'avez dit, et dans ma qualité d'égoïste, je ne pense pas à ce que feraient les autres dans ma position, mais à ce que je compte faire, moi. Je pense que je vous connais depuis un an, que j'ai mis, du jour où je vous ai connue, toutes mes chances de bonheur sur votre amour; qu'un jour est venu où vous m'avez dit que vous m'aimiez; que de ce jour j'ai mis toutes mes chances d'avenir sur votre possession, c'était ma vie. Je ne pense plus rien maintenant; je me dis seulement que les chances ont tourné, que j'avais cru gagner le ciel, et que je l'ai perdu. Cela arrive tous les jours qu'un joueur perd non-seulement ce qu'il a, mais encore ce qu'il n'a pas.

Morrel prononça ces mots avec un calme parfait; Valentine le regarda un instant de ses grands yeux scrutateurs, essayant de ne pas laisser pénétrer ceux de Morrel jusqu'au trouble qui bouillonnait déjà au fond de son cœur.

— Mais enfin, qu'allez-vous faire? demanda-t-elle.

— Je vais avoir l'honneur de vous dire adieu, Mademoiselle, en attestant Dieu, qui entend mes paroles et qui lit au fond de mon cœur, que je vous souhaite une vie assez calme, assez heureuse et assez remplie pour qu'il n'y ait pas place pour mon souvenir.

— Oh! murmura Valentine.

— Adieu, Valentine, adieu! dit Morrel en s'inclinant.

— Où allez-vous? cria en allongeant sa main à travers la grille et en saisissant Maximilien par son habit, la jeune fille qui comprenait, à son agitation intérieure, que le calme de son amant ne pouvait être réel; où allez-vous?

— Je vais m'occuper de ne point apporter un trouble nouveau dans votre famille, et donner un exemple que pourront suivre tous les hommes honnêtes et dévoués qui se trouveront dans ma position.

— Avant de me quitter, dites-moi ce que vous allez faire, Maximilien?

Le jeune homme sourit tristement.

— Oh! parlez! parlez! dit Valentine, je vous en prie!

— Votre résolution a-t-elle changé, Valentine?

— Elle ne peut changer, malheureux! vous le savez bien! s'écria la jeune fille.

— Alors, adieu, Valentine!

Valentine secoua la grille avec une force dont on l'aurait cru incapable, et comme Morrel s'éloignait, elle passa ses deux mains à travers la grille, et, les joignant en se tordant les bras:

— Qu'allez-vous faire? je veux le savoir? s'écria-t-elle; où allez-vous?

— Oh! soyez tranquille, dit Maximilien en s'arrêtant à trois pas de la porte; mon intention n'est pas de rendre un autre homme responsable des rigueurs que le sort garde pour moi. Un autre vous menacerait d'aller trouver M. Franz, de le provoquer, de se battre avec lui; tout cela serait insensé. Qu'a à faire M. Franz dans tout cela? Il m'a vu ce matin pour la première fois, il a déjà oublié qu'il m'a vu; il ne savait même pas que j'existais lorsque des conventions faites par vos deux familles ont décidé que vous seriez l'un à l'autre. Je n'ai donc point affaire à M. Franz, et, je vous le jure, je ne m'en prendrai point à lui.

— Mais à qui vous en prendrez-vous? à moi?

— A vous, Valentine ! Oh ! Dieu m'en garde ! La femme est sacrée, la femme qu'on aime est sainte.

— A vous-même alors, malheureux, à vous-même.

— C'est moi le coupable, n'est-ce pas? dit Morrel.

— Maximilien, dit Valentine, Maximilien, venez ici, je le veux !

Maximilien se rapprocha avec son doux sourire, et, n'était sa pâleur, on eût pu le croire dans son état ordinaire.

— Ecoutez-moi, ma chère, mon adorée Valentine, dit-il de sa voix mélodieuse et grave, les gens comme nous, qui n'ont jamais formé une pensée dont ils aient eu à rougir devant le monde, devant leurs parents et devant Dieu; les gens comme nous peuvent lire dans le cœur l'un de l'autre à livre ouvert. Je n'ai jamais fait de roman, je ne suis pas un héros mélancolique, je ne me pose ni en Manfred ni en Antony : mais sans paroles, sans protestations, sans serments, j'ai mis ma vie en vous; vous me manquez, et vous avez raison d'agir ainsi, je vous l'ai dit et je vous le répète; mais enfin vous me manquez et ma vie est perdue. Du moment où vous vous éloignez de moi, Valentine, je reste seul au monde. Ma sœur est heureuse près de son mari; son mari n'est que mon beau-frère, c'est-à-dire un homme que les conventions sociales attachent seules à moi; personne n'a donc besoin sur la terre de mon existence devenue inutile. Voilà ce que je ferai : j'attendrai jusqu'à la dernière seconde que vous soyez mariée, car je ne veux pas perdre l'ombre d'une de ces chances inattendues que nous garde quelquefois le hasard, car enfin d'ici là M. Franz d'Epinay peut mourir; au moment où vous vous en approcherez, la foudre peut tomber sur l'autel : tout semble croyable au condamné à mort, et pour lui les miracles rentrent dans la classe du possible dès qu'il s'agit du salut de sa vie. J'attendrai donc, dis-je, jusqu'au dernier moment, et quand mon malheur sera certain, sans remède, sans espérance, j'écrirai une lettre confidentielle à mon beau-frère, une autre lettre au préfet de police pour leur donner avis de mon dessein, et du coin de quelque bois, sur le revers de quelque fossé, au bord de quelque rivière, je me ferai sauter la cervelle, aussi vrai

que je suis le fils du plus honnête homme
qui ait jamais vécu en France.

Un tremblement convulsif agita les
membres de Valentine; elle lâcha la grille
qu'elle tenait des deux mains, ses bras
retombèrent à ses côtés, et deux grosses
larmes roulèrent sur ses joues.

Le jeune homme demeura devant elle,
sombre et résolu.

— Oh! par pitié, par pitié, dit-elle,
vous vivrez, n'est-ce pas?

— Non! sur mon honneur, dit Maximilien; mais que vous importe à vous,
vous aurez fait votre devoir, et votre
conscience vous restera.

Valentine tomba à genoux en étreignant son cœur qui se brisait.

— Maximilien, dit-elle, Maximilien, mon ami, mon frère sur la terre, mon véritable époux au ciel, je t'en prie, fais comme moi, vis avec la souffrance, un jour peut-être nous serons réunis.

— Adieu, Valentine, répéta Morrel.

— Mon Dieu, dit Valentine en levant ses deux mains au ciel avec une expression sublime, vous le voyez, j'ai fait tout ce que j'ai pu pour rester fille soumise; j'ai prié, supplié, imploré; il n'a écouté ni mes prières, ni mes supplications, ni mes pleurs. Eh bien! continua-t-elle en essuyant ses larmes et en reprenant sa fermeté, eh bien! je ne veux pas mourir de remords, j'aime mieux mourir de honte. Vous vivrez, Maximilien, et je ne serai à personne qu'à vous. A quelle heure? à quel moment? est-ce tout de suite? parlez, ordonnez, je suis prête.

Morrel, qui avait de nouveau fait quelques pas pour s'éloigner, était revenu de nouveau, et pâle de joie, le cœur épanoui, tendant à travers la grille ses deux mains à Valentine :

— Valentine, dit-il, chère amie, ce n'est point ainsi qu'il faut me parler, ou sinon il faut me laisser mourir. Pourquoi donc vous devrais-je à la violence, si vous m'aimez comme je vous aime! Me forcez-vous à vivre par humanité, voilà tout; en ce cas j'aime mieux mourir.

— Au fait, murmura Valentine, qui

est-ce qui m'aime au monde? lui. Qui m'a consolée de toutes mes douleurs? lui. Sur qui reposent mes espérances; sur qui s'arrête ma vue égarée; sur qui se repose mon cœur saignant? sur lui, lui, toujours lui. Eh bien! tu as raison à ton tour; Maximilien, je te suivrai, je quitterai la maison paternelle, tout. Oh! ingrate que je suis, s'écria Valentine en sanglotant, tout, même mon bon grand-père que j'oubliais!

— Non, dit Maximilien, tu ne le quitteras pas. M. Noirtier a paru éprouver, dis-tu, de la sympathie pour moi; eh bien! avant de fuir tu lui diras tout; tu te feras une égide devant Dieu de son consentement; puis, aussitôt mariés, il viendra avec nous: au lieu d'un enfant, il en aura deux. Tu m'as dit comment il te parlait et comment tu lui répondais ; j'apprendrai bien vite cette langue touchante des signes, va, Valentine. Oh ! je te le jure, au lieu du désespoir qui nous attend, c'est le bonheur que je te promets !

— Oh ! regarde, Maximilien, regarde quelle est ta puissance sur moi, tu me fais presque croire à ce que tu me dis, et cependant ce que tu me dis est insensé, car mon père me maudira, lui; car je le connais, lui, le cœur inflexible, jamais il ne pardonnera. Aussi, écoutez-moi, Maximilien, si par artifice, par prière, par accident, que sais-je, moi ? si enfin par un moyen quelconque je puis retarder le mariage, vous attendrez, n'est-ce pas ?

— Oui, je le jure, comme vous me jurez, vous, que cet affreux mariage ne se fera jamais, et que, vous traînât-on devant le magistrat, devant le prêtre, vous direz non.

—Je te le jure, Maximilien, par ce que j'ai de plus sacré au monde, par ma mère.

— Attendons alors, dit Morrel.

— Oui, attendons, reprit Valentine, qui respirait à ce mot; il y a tant de choses qui peuvent sauver des malheureux comme nous.

— Je me fie à vous, Valentine, dit Morrel, tout ce que vous ferez sera bien fait ; seulement si l'on passe outre à vos prières, si votre père, si madame de

Saint-Méran exigent que M. d'Epinay soit appelé demain à signer le contrat...

— Alors vous avez ma parole, Morrel.

— Au lieu de signer...

— Je viens vous rejoindre et nous fuyons; mais d'ici-là, ne tentons pas Dieu, Morrel; ne nous voyons pas, c'est un miracle, c'est une providence que nous n'ayons pas encore été surpris; si nous étions surpris, si l'on savait comment nous nous voyons, nous n'aurions plus aucune ressource.

— Vous avez raison, Valentine; mais comment savoir...

— Par le notaire, M. Deschamps.

— Je le connais.

— Et par moi-même. Je vous écrirai, croyez-le donc bien. Mon Dieu ! ce mariage, Maximilien, m'est aussi odieux qu'à vous !

— Bien ! bien ! merci ! ma Valentine adorée, reprit Morrel. Alors tout est dit, une fois que je sais l'heure, j'accours ici, vous franchissez ce mur dans mes bras, la chose vous sera facile ; une voiture nous attendra à la porte de l'enclos, vous y montez avec moi, je vous conduis chez ma sœur ; là, inconnus si cela vous convient, faisant éclat si vous le désirez, nous aurons la conscience de notre force et de notre volonté, et nous ne nous laisserons pas égorger comme l'agneau qui ne se défend qu'avec ses soupirs.

— Soit, dit Valentine, à votre tour je vous dirai : Maximilien, ce que vous ferez sera bien fait.

— Oh !

— Eh bien, êtes-vous content de votre femme? dit tristement la jeune fille.

— Ma Valentine adorée, c'est bien peu dire que dire oui.

— Dites toujours.

Valentine s'était approchée, ou plutôt avait approché ses lèvres de la grille, et ses paroles glissaient avec son souffle parfumé jusqu'aux lèvres de Morrel, qui collait sa bouche de l'autre côté de la froide et inexorable clôture.

— Au revoir, dit Valentine, s'arrachant à ce bonheur, au revoir.

— J'aurai une lettre de vous?

— Oui.

— Merci, chère femme, au revoir.

Le bruit d'un baiser innocent et perdu retentit, et Valentine s'enfuit sous les tilleuls.

Morrel écouta les derniers bruits de sa robe frôlant les charmilles, de ses pieds faisant crier le sable, leva les yeux au ciel avec un ineffable sourire, pour remercier le ciel de ce qu'il permettait qu'il fût aimé ainsi, et disparut à son tour.

Le jeune homme rentra chez lui et attendit pendant tout le reste de la soirée et pendant toute la journée du lendemain, sans rien recevoir. Enfin ce ne fut que le surlendemain vers dix heures du matin, et comme il allait s'acheminer vers M. Deschamps, notaire, qu'il reçut par la poste un petit billet qu'il reconnut pour être de Valentine, quoiqu'il n'eût jamais vu son écriture.

Il était conçu en ces termes :

« Larmes, supplications, prières, n'ont rien fait. Hier, pendant deux heures j'ai été à l'église Saint-Philippe-du-Roule, et pendant deux heures j'ai prié Dieu du fond de l'ame ; Dieu est insensible comme les hommes, et la signature du contrat est fixée à ce soir neuf heures.

« Je n'ai qu'une parole comme je n'ai qu'un cœur, Morrel, et cette parole vous est engagée, ce cœur est à vous.

« Ce soir donc, à neuf heures moins un quart, à la grille.

« Votre femme,

« Valentine de Villefort.

« P. S. — Ma pauvre grand'mère va de plus mal en plus mal ; hier son exaltation est devenue du délire : aujourd'hui son délire est presque de la folie.

« Vous m'aimerez bien, n'est-ce pas, Morrel, pour me faire oublier que je l'aurai quittée en cet état? »

« Je crois que l'on cache à grand-papa Noirtier que la signature du contrat doit avoir lieu ce soir. »

Morrel ne se borna pas aux renseignements que lui donnait Valentine ; il alla chez le notaire, qui lui confirma la nouvelle que la signature du contrat était pour neuf heures du soir.

Puis il passa chez Monte-Christo ; ce fut encore là qu'il en sut le plus : Franz était venu lui annoncer cette solennité ; de son côté, madame de Villefort avait écrit au comte pour le prier de l'excuser si elle ne l'invitait point, mais la mort de M. de Saint-Méran et l'état où se trouvait sa veuve jetaient sur cette réunion un voile de tristesse dont elle ne voulait pas assombrir le front du comte, auquel elle souhaitait toutes sortes de bonheur.

La veille, Franz avait été présenté à madame de Saint-Méran, qui avait quitté le lit pour cette présentation, et qui s'y était remise aussitôt.

Morrel, la chose est facile à comprendre, était dans un état d'agitation qui ne pouvait échapper à un œil aussi perçant que l'était l'œil du comte; aussi Monte-Christo fut-il pour lui plus affectueux que jamais; si affectueux, que deux ou trois fois Maximilien fut sur le point de lui tout dire. Mais il se rappela la promesse formelle donnée à Valentine, et son secret resta au fond de son cœur.

Le jeune homme relut vingt fois dans la journée la lettre de Valentine. C'était la première fois qu'elle lui écrivait, et à quelle occasion ! A chaque fois qu'il relisait cette lettre, Maximilien se renouvelait à lui-même le serment de rendre Valentine heureuse. En effet, quelle autorité n'a pas la jeune fille qui prend une résolution si courageuse; quel dévouement ne mérite-t-elle pas de la part de celui à qui elle a tout sacrifié ! Comme elle doit être réellement pour son amant le premier et le plus digne objet de son culte ! c'est à la fois la reine et la femme, et l'on n'a point assez d'une ame pour la remercier et l'aimer.

Morrel songeait avec une agitation inexprimable à ce moment où Valentine arriverait en disant :

— Me voici, Maximilien ; prenez-moi.

Il avait organisé toute cette fuite; deux échelles avaient été cachées dans la luzerne du clos; un cabriolet, que devait conduire Maximilien lui-même, attendait; pas de domestique, pas de lumière; au détour de la première rue, on allumerait les lanternes, car il ne fallait point, par un surcroît de précautions, tomber entre les mains de la police.

De temps en temps des frissonnements passaient par tout le corps de Morrel; il songeait au moment où, du faîte de ce mur, il protégerait la descente de Valentine, et où il sentirait, tremblante et abandonnée entre ses bras, celle dont il n'avait jamais pressé que la main et baisé que le bout du doigt.

Mais quand vint l'après-midi, quand

Morrel sentit l'heure s'approcher, il éprouva le besoin d'être seul; son sang bouillait; les simples questions, la seule voix d'un ami l'eussent irrité; il se renferma chez lui, essayant de lire; mais son regard glissa sur les pages sans y rien comprendre, et il finit par jeter son livre, pour en revenir à dessiner pour la deuxième fois son plan, ses échelles et son clos.

Enfin l'heure s'approcha.

Jamais homme bien amoureux n'a laissé les horloges faire paisiblement leur chemin; Morrel tourmenta si bien les siennes, qu'elles finirent par marquer huit heures et demie à six heures. Il se dit alors qu'il était temps de partir, que neuf heures était bien effectivement l'heure de la signature du contrat, mais que, selon toute probabilité, Valentine n'attendrait pas cette signature inutile; en conséquence, Morrel, après être parti de la rue Meslay à huit heures et demie à sa pendule, entrait dans le clos comme huit heures sonnaient à Saint-Philippe-du-Roule.

Le cheval et le cabriolet furent cachés derrière une petite masure en ruines dans laquelle Morrel avait l'habitude de se cacher.

Peu à peu le jour tomba, et les feuillages du jardin se massèrent en grosses touffes d'un noir opaque.

Alors Morrel sortit de la cachette et vint regarder, le cœur palpitant, au trou de la grille : il n'y avait encore personne.

Huit heures et demie sonnèrent.

Une demi-heure s'écoula à attendre; Morrel se promenait de long en large; puis à des intervalles toujours plus rapprochés, venait appliquer son œil aux planches. Le jardin s'assombrissait de plus en plus, mais dans l'obscurité on cherchait vainement la robe blanche, dans le silence on écoutait inutilement le bruit des pas.

La maison qu'on apercevait à travers les feuillages restait sombre, et ne présentait aucun des caractères d'une maison qui s'ouvre pour un évènement aussi important que l'est une signature de contrat de mariage.

Morrel consulta sa montre qui sonna

neuf heures trois quarts, mais presque aussitôt cette même voix de l'horloge déjà entendue deux ou trois fois rectifia l'erreur de la montre en sonnant neuf heures et demie.

C'était déjà une demi-heure d'attente de plus que Valentine n'avait fixée elle-même : elle avait dit neuf heures, même plutôt avant qu'après.

Ce fut le moment le plus terrible pour le cœur du jeune homme, sur lequel chaque seconde tombait comme un marteau de plomb.

Le plus faible bruit du feuillage, le moindre cri du vent appelaient son oreille et faisaient monter la sueur à son front ; alors, tout frissonnant, il assujettissait son échelle, et pour ne pas perdre de temps, posait le pied sur le premier échelon.

Au milieu de ces alternatives de crainte et d'espoir, au milieu de ces dilatations et de ces serrements de cœur, dix heures sonnèrent à l'église.

— Oh! murmura Maximilien avec terreur, il est impossible que la signature d'un contrat dure aussi longtemps, à moins d'évènements imprévus ; j'ai pesé toutes les chances, calculé le temps que durent toutes les formalités, il s'est passé quelque chose.

Et alors, tantôt il se promenait avec agitation devant la grille, tantôt il revenait appuyer son front brûlant sur le fer glacé. Valentine s'était-elle évanouie après le contrat, ou Valentine avait-elle été arrêtée dans sa fuite? C'étaient là les deux seules hypothèses où le jeune homme pouvait s'arrêter, toutes deux désespérantes.

L'idée à laquelle il s'arrêta fut qu'au milieu de sa fuite même la force avait manqué à Valentine, et qu'elle était tombée évanouie au milieu de quelque allée.

— Oh! s'il en est ainsi, s'écria-t-il en s'élançant au haut de l'échelle, je la perdrais, et par ma faute!

Le démon qui lui avait soufflé cette pensée ne le quitta plus, et bourdonna à son oreille avec cette persistance qui fait que certains doutes, au bout d'un instant et par la force du raisonnement, deviennent des convictions. Ses yeux, qui cherchaient à percer l'obscurité croissante, croyaient sous la sombre allée apercevoir un objet gisant; Morrel se hasarda jusqu'à appeler, et il lui sembla que le vent apportait jusqu'à lui une plainte inarticulée.

Enfin la demie avait sonné à son tour; il était impossible de se leurrer plus longtemps, tout était supposable; les tempes de Maximilien battaient avec force, des nuages passaient devant ses yeux; il enjamba le mur et sauta de l'autre côté.

Il était chez Villefort, il venait d'y entrer par escalade; il songea aux suites que pouvait avoir une pareille action, mais il n'était pas venu jusque-là pour reculer.

Il rasa quelque temps le mur, et, traversant l'allée d'un seul bond, il s'élança dans un massif.

En un instant il fut à l'extrémité de ce massif. Du point où il était parvenu on découvrait la maison.

Alors Morrel s'assura d'une chose qu'il avait déjà soupçonnée en essayant de glisser son regard à travers les arbres : c'est qu'au lieu des lumières qu'il pensait voir briller à chaque fenêtre, ainsi qu'il est naturel aux jours de cérémonie, il ne vit rien que la masse grise et voilée encore par un grand rideau d'ombre que projetait un nuage immense épandu sur la lune.

Une lumière courait de temps en temps comme éperdue, et passait devant trois fenêtres du premier étage. Ces trois fenêtres étaient celles de l'appartement de madame de Saint-Méran.

Une autre lumière restait immobile derrière des rideaux rouges. Ces rideaux rouges étaient ceux de la chambre à coucher de madame de Villefort.

Morrel devina tout cela. Tant de fois, pour suivre Valentine en pensée à toute heure du jour, tant de fois, disons-nous, il s'était fait faire le plan de cette maison, que, sans l'avoir vue, il la connaissait.

Le jeune homme fut encore plus épouvanté de cette obscurité et de ce silence qu'il ne l'avait été de l'absence de Valentine.

Eperdu, fou de douleur, décidé à tout

braver pour revoir Valentine et s'assurer du malheur qu'il pressentait, quel qu'il fût, Morrel gagna la lisière du massif, et s'apprêtait à traverser le plus rapidement possible le parterre, complètement découvert, quand un son de voix encore assez éloigné, mais que le vent lui apportait, parvint jusqu'à lui.

A ce bruit, il fit un pas en arrière; déjà à moitié sorti du feuillage, il s'y enfonça complètement et demeura immobile et muet, enfoui dans son obscurité.

Sa résolution était prise : si c'était Valentine seule, il l'avertirait par un mot au passage; si Valentine était accompagnée, il la verrait au moins et s'assurerait qu'il ne lui était arrivé aucun malheur; si c'étaient des étrangers, il saisirait quelques mots de leur conversation et arriverait à comprendre ce mystère incompréhensible jusque-là.

La lune alors sortit du nuage qui la cachait, et sur la porte du perron Morrel vit apparaître Villefort suivi d'un homme vêtu de noir. Ils descendirent les marches et s'avancèrent vers le massif. Ils n'avaient pas fait quatre pas, que, dans cet homme vêtu de noir, Morrel avait reconnu le docteur d'Avrigny.

Le jeune homme, en les voyant venir à lui, recula machinalement devant eux jusqu'à ce qu'il rencontrât le tronc d'un sycomore qui faisait le centre d'un massif; là il fut forcé de s'arrêter.

Bientôt le sable cessa de crier sous les pas des deux promeneurs.

— Ah! cher docteur, dit le procureur du roi, voici le ciel qui se déclare décidément contre notre maison. Quelle horrible mort! quelle coup de foudre! N'essayez pas de me consoler ; hélas! il n'y a pas de consolation pour un pareil malheur, la plaie est trop vive et trop profonde, morte! morte!

Une sueur froide glaça le front du jeune homme et fit claquer ses dents. Qui donc était mort dans cette maison que Villefort lui-même disait maudite?

— Mon cher monsieur de Villefort, répondit le médecin avec un accent qui redoubla la terreur du jeune homme, je ne vous ai point amené ici pour vous consoler, tout au contraire.

— Que voulez-vous dire? demanda le procureur du roi effrayé.

— Je veux vous dire que derrière le malheur qui vient de vous arriver, il en est un autre plus grand encore peut-être.

— Oh! mon Dieu! murmura Villefort en joignant les mains, qu'allez-vous me dire encore?

— Sommes-nous bien seuls, mon ami?

— Oh! oui, bien seuls. Mais que signifient toutes ces précautions?

— Elles signifient que j'ai une confidence terrible à vous faire, dit le docteur; asseyons-nous.

Villefort tomba plutôt qu'il ne s'assit sur un banc. Le docteur resta debout devant lui, une main posée sur son épaule.

Morrel, glacé d'effroi, tenait d'une main son front et de l'autre comprimait son cœur dont il craignait qu'on n'entendît les battements.

— Morte! morte! répétait-il dans sa pensée avec la voix de son cœur.

Et lui-même se sentait mourir.

— Parlez, docteur, j'écoute, dit Villefort; frappez, je suis préparé à tout.

— Madame de Saint-Méran était bien

âgée sans doute, mais elle jouissait d'une santé excellente.

Morrel respira pour la première fois depuis dix minutes.

— Le chagrin l'a tuée, dit Villefort; oui, le chagrin, docteur! Cette habitude de vivre depuis quarante ans près du marquis.

— Ce n'est pas le chagrin, mon cher Villefort, dit le docteur. Le chagrin peut tuer, quoique les cas soient rares, mais il ne tue pas en un jour, mais il ne tue pas en une heure, mais il ne tue pas en dix minutes.

Villefort ne répondit rien; seulement il leva sa tête qu'il avait tenue baissée jusque-là, et regarda le docteur avec des yeux effarés.

— Vous êtes resté là pendant l'agonie ? demanda M. d'Avrigny.

— Sans doute, répondit le procureur du roi ; vous m'avez dit tout bas de ne pas m'éloigner.

— Avez-vous remarqué les symptômes du mal auquel madame de Saint-Méran a succombé ?

— Certainement. Madame de Saint-Méran a eu trois attaques successives à quelques minutes les unes des autres, et à chaque fois plus rapprochées et plus graves. Lorsque vous êtes arrivé, déjà depuis quelques minutes madame de Saint-Méran était haletante ; elle eut alors une crise que je pris pour une simple attaque de nerfs, mais je ne commençai à m'effrayer, réellement que lorsque je la vis se soulever sur son lit, les membres et le cou tendus. Alors, à votre visage je compris que la chose était plus grave que je ne le croyais. La crise passée, je cherchai vos yeux, mais je ne les rencontrai pas. Vous teniez le pouls, vous en comptiez les battements, et la seconde crise parut que vous ne vous étiez pas encore retourné de mon côté. Cette seconde crise fut plus terrible que la première; les mêmes mouvements nerveux se reproduisirent, et la bouche se contracta et devint violette.

A la troisième elle expira.

— Déjà, depuis la fin de la première, j'avais reconnu le tétanos; vous me confirmâtes dans cette opinion.

— Oui, devant tout le monde, reprit le docteur ; mais maintenant nous sommes seuls.

— Qu'allez-vous me dire, mon Dieu ?

— Que les symptômes du tétanos et de l'empoisonnement par les matières végétales sont absolument les mêmes.

M. de Villefort se dressa sur ses pieds, puis, après un instant d'immobilité et de silence, il retomba sur son banc.

— Oh ! mon Dieu, docteur, dit-il, songez-vous bien à ce que vous me dites-là ?

Morrel ne savait pas s'il faisait un rêve ou s'il veillait.

— Ecoutez, dit le docteur, je connais l'importance de ma déclaration et le caractère de l'homme à qui je la fais.

— Est-ce au magistrat ou à l'ami que vous parlez? demanda Villefort.

— A l'ami, à l'ami seul en ce moment; les rapports entre les symptômes du tétanos et les symptômes de l'empoisonnement par les substances végétales sont tellement identiques, que s'il me fallait signer ce que je vous dis là, je vous déclare que j'hésiterais. Aussi, je vous le répète, ce n'est point au magistrat que je m'adresse, c'est à l'ami. Eh bien! à l'ami, je dis: pendant les trois quarts d'heure qu'elle a duré, j'ai étudié l'agonie, les convulsions, la mort de madame de Saint-Méran; eh bien! dans ma conviction, non-seulement madame de Saint-Méran est morte empoisonnée, mais encore je dirais, oui, je dirais quel poison l'a tuée.

— Monsieur! monsieur!

— Tout y est, voyez-vous, somnolence interrompue par des crises nerveuses, surexcitation du cerveau, torpeur des centres. Madame de Saint-Méran a succombé à une dose violente de brucine ou de strychnine, que par hasard, sans doute, que par erreur peut-être, on lui a administrée.

Villefort saisit la main du docteur.

— Oh! c'est impossible! dit-il, je rêve, mon Dieu, je rêve! C'est effroyable d'entendre dire des choses pareilles à un homme comme vous ! Au nom du ciel, je vous en supplie, cher docteur, dites-moi que vous pouvez vous tromper.

— Sans doute, je le puis, mais...

— Mais?...

— Mais, je ne le crois pas.

— Docteur, prenez pitié de moi ; depuis quelques jours il m'arrive tant de choses inouïes, que je crois à la possibilité de devenir fou.

— Un autre que moi a-t-il vu madame de Saint-Méran ?

— Personne.

— A-t-on envoyé chercher chez le

pharmacien quelque ordonnance qu'on ne m'ait pas soumise?

— Aucune.

— Madame de Saint-Méran avait-elle des ennemis?

— Je ne lui en connais pas.

— Quelqu'un avait-il intérêt à sa mort?

— Mais non, mon Dieu! mais non; ma fille est sa seule héritière, Valentine seule... Oh! si une pareille pensée me pouvait venir, je me poignarderais pour punir mon cœur d'avoir pu un seul instant abriter une pareille pensée.

— Oh! s'écria à son tour M. d'Avrigny, cher ami, à Dieu ne plaise que j'accuse quelqu'un; je ne parle que d'un accident, comprenez-vous bien, d'une erreur? Mais accident ou erreur, le fait est là qui parle tout bas à ma conscience, et qui veut que ma conscience vous parle tout haut. Informez-vous.

— A qui? comment? de quoi?

— Voyons, Barrois, le vieux domestique, ne se serait-il pas trompé, et n'aurait-il pas donné à madame de Saint-Méran quelque potion préparée pour son maître?

— Pour mon père?

— Oui.

— Mais comment une potion préparée

pour M. Noirtier peut-elle empoisonner madame de Saint-Méran ?

— Rien de plus simple : vous savez que dans certaines maladies les poisons deviennent un remède ; la paralysie est une de ces maladies-là. A peu près depuis trois mois, par exemple, après avoir tout employé pour rendre le mouvement et la parole à M. Noirtier, je me suis décidé à tenter un dernier moyen ; depuis trois mois, dis-je, je le traite par la brucine ; ainsi, dans la dernière potion que j'ai commandée pour lui, il en entrait six centigrammes ; six centigrammes sans action sur les organes paralysés de M. Noirtier, et auxquels d'ailleurs il s'est accoutumé par des doses successives ; six centigrammes suffisent pour tuer toute autre personne que lui.

— Mon cher docteur, il n'y a aucune communication entre l'appartement de M. Noirtier et celui de madame de Saint-Méran, et jamais Barrois n'entrait chez ma belle-mère. Enfin, vous le dirai-je, docteur, quoique je vous sache l'homme le plus habile et surtout le plus consciencieux du monde, quoiqu'en toute circonstance votre parole soit pour moi un flambeau qui me guide à l'égal de la lumière du soleil, eh bien! docteur, eh bien! j'ai besoin, malgré cette conviction, de m'appuyer sur cet axiôme, *errare humanum est.*

— Ecoutez, Villefort, dit le docteur, existe-t-il un de mes confrères en qui vous ayez autant de confiance qu'en moi?

— Pourquoi cela, dites? où voulez-vous en venir?

— Appelez-le, je lui dirai ce que j'ai vu, ce que j'ai remarqué, nous ferons l'autopsie.

— Et vous trouverez des traces du poison ?

— Non, pas du poison, je n'ai pas dit cela, mais nous constaterons l'exaspération du système, nous reconnaîtrons l'asphyxie patente, incontestable, et nous vous dirons, cher Villefort : si c'est par négligence que la chose est arrivée, veillez sur vos serviteurs ; si c'est par haine, veillez sur vos ennemis !

— Oh ! mon Dieu ! que me proposez-vous là, d'Avrigny ? répondit Villefort abattu ; du moment où il y aura un autre que vous dans le secret, une enquête deviendra nécessaire, et une enquête chez moi, impossible! Pourtant, continua le procureur du roi en se reprenant et en regardant le médecin avec inquiétude, pourtant si vous le voulez, si vous l'exigez absolument, je le ferai. En effet, peut-être dois-je donner suite à cette affaire; mon caractère me le commande. Mais, docteur, vous me voyez d'avance pénétré de tristesse; introduire dans ma maison tant de scandale après tant de douleur! Oh! ma femme et ma fille en mourront; et moi, moi, docteur, vous le savez, un homme n'en arrive pas où j'en suis, un homme n'a pas été procureur du roi vingt-cinq ans sans s'être amassé bon nombre d'ennemis; les miens sont nombreux. Cette affaire ébruitée sera pour eux un triomphe qui les fera tressaillir de joie, et moi me couvrira de honte. Docteur, pardonnez-moi ces idées mondaines. Si vous étiez un prêtre, je n'oserais vous dire cela ; mais vous êtes un homme, mais vous connaissez les autres hommes ; docteur, docteur, vous ne m'avez rien dit, n'est-ce pas ?

— Mon cher monsieur de Villefort, répondit le docteur ébranlé, mon premier devoir est l'humanité. J'eusse sauvé madame de Saint-Méran si la science eût eu le pouvoir de le faire, mais elle est morte, je me dois aux vivants. Ensevelissons au plus profond de nos cœurs ce terrible secret. Je permettrai, si les yeux de quelques uns s'ouvrent là-dessus, qu'on impute à mon ignorance le silence que j'aurai gardé. Cependant, Monsieur, cherchez toujours, cherchez activement, car peut-être cela ne s'arrêtera-t-il point là... Et quand vous aurez trouvé le coupable, si vous le trouvez, c'est moi qui vous dirai : vous êtes magistrat, faites ce que vous voudrez !

— Oh ! merci, merci, docteur ! dit Villefort avec une joie indicible, je n'ai jamais eu de meilleur ami que vous.

Et comme s'il eût craint que le docteur d'Avrigny ne revînt sur cette concession, il se leva et entraîna le docteur du côté de la maison.

Ils s'éloignèrent.

Morrel, comme s'il eût eu besoin de respirer, sortit sa tête du taillis, et la lune éclaira ce visage si pâle qu'on eût pu le prendre pour un fantôme.

— Dieu me protège d'une manifeste

mais terrible façon! dit-il. Mais Valentine! Valentine! pauvre amie! résistera-t-elle à tant de douleurs?

En disant ces mots, il regardait alternativement la fenêtre aux rideaux rouges et les trois fenêtres aux rideaux blancs.

La lumière avait presque complètement disparu de la fenêtre aux rideaux rouges. Sans doute madame de Villefort venait d'éteindre sa lampe, et la veilleuse seule envoyait son reflet aux vitres.

A l'extrémité du bâtiment, au contraire, il vit s'ouvrir une des trois fenêtres aux rideaux blancs. Une bougie placée sur la cheminée jeta au-dehors quelques rayons de sa pâle lumière, et une ombre vint un instant s'accouder au balcon.

Morrel frissonna; il lui semblait avoir entendu un sanglot.

Il n'était pas étonnant que cette ame ordinairement si courageuse et si forte, maintenant troublée et exaltée par les deux plus fortes des passions humaines, l'amour et la peur, se fût affaiblie au point de subir des hallucinations superstitieuses.

Quoiqu'il fût impossible, caché comme il l'était, que l'œil de Valentine le distinguât, il crut se voir appeler par l'ombre de la fenêtre; son esprit troublé le lui disait, son cœur ardent le lui répétait. Cette double erreur devenait une réalité irrésistible, et, par un de ces incompréhensibles élans de jeunesse, il bondit hors de sa cachette, et en deux enjambées, au risque d'être vu, au risque d'effrayer Valentine, au risque de donner l'éveil par quelque cri involontaire échappé à la jeune fille, il franchit ce parterre que la lune faisait large et blanc comme un lac, et gagnant la rangée de caisses d'orangers qui s'étendaient devant la maison, il atteignit les marches du perron qu'il monta rapidement, et poussa la porte, qui s'ouvrit sans résistance devant lui.

Valentine ne l'avait pas vu; ses yeux levés au ciel suivaient un nuage d'argent glissant sur l'azur, et dont la forme était celui d'une ombre qui monte au ciel; son esprit poétique et exalté lui disait que c'était l'ame de sa grand'mère.

Cependant, Morrel avait traversé l'antichambre et trouvé la rampe de l'escalier ; des tapis étendus sur les marches assourdissaient son pas : d'ailleurs Morrel en était arrivé à ce point d'exaltation que la présence de M. de Villefort lui-même ne l'eût pas effrayé. Si M. de Villefort se fût présenté à sa vue, sa résolution était prise : il s'approchait de lui et lui avouait tout, en le priant d'excuser et d'approuver cet amour qui l'unissait à sa fille, et sa fille à lui; Morrel était fou.

Par bonheur, il ne vit personne.

Ce fut alors surtout que cette connaissance qu'il avait prise par Valentine du plan intérieur de la maison lui servit ; il arriva sans accident au haut de l'escalier, et comme, arrivé là, il s'orientait, un sanglot dont il reconnut l'expression lui indiqua le chemin qu'il avait à suivre ; il se retourna : une porte entrebâillée laissait arriver à lui le reflet d'une lumière et le son de la voix gémissante. Il poussa cette porte et entra.

Au fond d'une alcôve, sous le drap blanc qui recouvrait sa tête et dessinait sa forme, gisait la morte, plus effrayante encore aux yeux de Morrel depuis la révélation du secret dont le hasard l'avait fait possesseur.

A côté du lit, à genoux, la tête ensevelie dans les coussins d'une large bergère, Valentine, frissonnante et soulevée par les sanglots, étendait au-dessus de sa tête, qu'on ne voyait pas, ses deux mains jointes et roidies.

Elle avait quitté la fenêtre restée ouverte, et priait tout haut avec des accents qui eussent touché le cœur le plus insensible; la parole s'échappait de ses lèvres, rapide, incohérente, inintelligible, tant la douleur serrait sa gorge de ses brûlantes étreintes.

La lune, glissant à travers l'ouverture des persiennes, faisait pâlir la lueur de la bougie, et azurait de ses teintes funèbres ce tableau de désolation.

Morrel ne put résister à ce spectacle; il n'était pas d'une piété exemplaire, il n'était pas facile à impressionner, mais Valentine souffrant, pleurant, se tordant les bras à sa vue, c'était plus qu'il n'en pouvait supporter en silence. Il poussa un soupir, murmura un nom, et la tête noyée dans les pleurs et marbrée sur le velours du fauteuil, une tête de Madeleine du Corrège, se releva et demeura tournée vers lui.

Valentine le vit et ne témoigna point d'étonnement. Il n'y a plus d'émotions intermédiaires dans un cœur gonflé par un désespoir suprême.

Morrel tendit la main à son amie. Valentine, pour toute excuse de ce qu'elle n'avait pas été le trouver, lui montra le cadavre gisant sous le drap funèbre, et recommença à sangloter.

Ni l'un ni l'autre n'osaient parler dans cette chambre. Chacun hésitait à rompre ce silence que semblait commander la mort debout dans quelque coin et le doigt sur les lèvres.

Enfin, Valentine osa la première.

— Ami, dit-elle, comment êtes-vous ici? Hélas! je vous dirais : soyez le bien-venu, si ce n'était pas la mort qui vous eût ouvert la porte de cette maison.

— Valentine, dit Morrel d'une voix tremblante et les mains jointes, j'étais là depuis huit heures et demie; je ne vous voyais point venir : l'inquiétude m'a pris, j'ai sauté par-dessus le mur, j'ai pénétré dans le jardin, alors des voix qui s'entretenaient du fatal accident.....

— Quelles voix? dit Valentine.

Morrel frémit, car toute la conversation du docteur et de M. de Villefort lui revint à l'esprit, et, à travers le drap, il croyait voir ces bras tordus, ce cou roidi, ces lèvres violettes.

— Les voix de vos domestiques, dit-il, m'ont tout appris.

— Mais venir jusqu'ici, c'est nous perdre, mon ami, dit Valentine sans effroi et sans colère.

— Pardonnez-moi, répondit Morrel du même ton, je vais me retirer.

— Non, dit Valentine, on vous rencontrerait, restez.

— Mais si l'on venait?...

La jeune fille secoua la tête.

— Personne ne viendra, dit-elle, soyez tranquille, voilà notre sauvegarde.

Et elle montra la forme du cadavre moulée par le drap.

— Mais qu'est-il arrivé de M. d'Epinay, dites-moi, je vous en supplie? reprit Morrel.

— M. Franz est arrivé pour signer le contrat au moment où ma bonne grand'-mère rendait le dernier soupir.

— Hélas! dit Morrel avec un sentiment de joie égoïste, car il songeait en lui-même que cette mort retardait indéfiniment le mariage de Valentine.

— Mais ce qui redouble ma douleur, continua la jeune fille, comme si ce sentiment eût dû recevoir à l'instant même sa punition, c'est que cette pauvre chère aïeule, en mourant, a ordonné qu'on terminât le mariage le plus tôt possible ; elle aussi, mon Dieu ! en croyant me protéger, elle aussi agissait contre moi.

— Ecoutez ! dit Morrel.

Les deux jeunes gens firent silence.

On entendit une porte qui s'ouvrit, et des pas firent craquer le parquet du corridor et les marches de l'escalier.

— C'est mon père qui sort de son cabinet, dit Valentine.

— Et qui reconduit le docteur, ajouta Morrel.

— Comment savez-vous que c'est le docteur? demanda Valentine étonnée.

— Je le présume, dit Morrel.

Valentine regarda le jeune homme.

Cependant on entendit la porte de la rue se fermer. M. de Villefort alla donner en outre un tour de clef à celle du jardin, puis il remonta l'escalier.

Arrivé dans l'antichambre, il s'arrêta un instant comme s'il hésitait s'il devait entrer chez lui ou dans la chambre de madame de Saint-Méran. Morrel se jeta derrière une portière. Valentine ne fit pas un mouvement: on eût dit qu'une suprême douleur la plaçait au-dessus des craintes ordinaires.

M. de Villefort rentra chez lui.

— Maintenant, dit Valentine, vous ne pouvez plus sortir ni par la porte du jardin ni par celle de la rue.

Morrel regarda la jeune fille avec étonnement.

— Maintenant, dit-elle, il n'y a plus qu'une issue permise et sûre, c'est celle de l'appartement de mon grand-père.

Elle se leva.

— Venez, dit-elle.

— Où cela? demanda Maximilien.

— Chez mon grand-père.

— Moi, chez M. Noirtier !

— Oui.

— Y songez-vous, Valentine ?

— J'y songe, et depuis longtemps. Je n'ai plus que cet ami au monde, et nous avons tous deux besoin de lui... Venez.

— Prenez garde, Valentine, dit Morrel hésitant à faire ce que lui ordonnait la jeune fille; prenez garde; le bandeau est tombé de mes yeux. En venant ici, j'ai accompli un acte de démence. Avez-vous bien vous-même toute votre raison, chère amie ?

— Oui, dit Valentine, et je n'ai qu'un scrupule au monde, c'est de laisser seuls les restes de ma pauvre grand'mère, que je me suis chargée de garder.

— Valentine, dit Morrel, la mort est sacrée par elle-même.

— Oui, répondit la jeune fille ; d'ailleurs ce sera court, venez.

Valentine traversa le corridor et descendit un petit escalier qui conduisait chez Noirtier. Morrel la suivait sur la pointe du pied. Arrivés sur le palier de l'appartement, ils trouvèrent le vieux domestique.

— Barrois, dit Valentine, fermez la porte et ne laissez entrer personne.

Elle passa la première.

Noirtier, encore dans son fauteuil, attentif au moindre bruit, instruit par son vieux serviteur de tout ce qui se passait, fixait des regards avides sur l'entrée de la chambre ; il vit Valentine et son œil brilla.

Il y avait dans la démarche et dans l'attitude de la jeune fille quelque chose de grave et de solennel qui frappa le vieillard. Aussi, de brillant qu'il était, son œil devint-il interrogateur.

— Cher père, dit-elle d'une voix brève, écoute-moi bien : Tu sais que bonne maman Saint-Méran est morte il y a une heure, et que maintenant, excepté toi, je n'ai plus personne qui m'aime au monde ?

Une expression de tendresse infinie passa dans les yeux du vieillard.

— C'est donc à toi seul, n'est-ce pas, que je dois confier mes chagrins ou mes espérances ?

Le paralytique fit signe que oui.

Valentine prit Maximilien par la main.

— Alors, lui dit-elle, regarde bien Monsieur.

Le vieillard fixa son œil scrutateur et légèrement étonné sur Morrel.

— C'est M. Maximilien Morrel, dit-elle, le fils de cet honnête négociant de Marseille dont tu as sans doute entendu parler.

— Oui, fit le vieillard.

— C'est un nom irréprochable, que Maximilien est en train de rendre glorieux, car à trente ans, il est capitaine de spahis, officier de la légion-d'honneur.

Le vieillard fit signe qu'il se le rappelait.

— Eh bien! bon papa, dit Valentine en se mettant à deux genoux devant le vieillard et en montrant Maximilien d'une main, je l'aime, et ne serai qu'à lui! Si l'on me force d'en épouser un autre, je me laisserai mourir ou je me tuerai.

Les yeux du paralytique exprimaient tout un monde de pensées tumultueuses.

— Tu aimes M. Maximilien Morrel, n'est-ce point, bon papa? demanda la jeune fille.

— Oui, fit le vieillard immobile.

— Et tu veux bien nous protéger, nous qui sommes aussi tes enfants, contre la volonté de mon père?

Noirtier attacha son regard intelligent sur Morrel, comme pour lui dire:

— C'est selon.

Maximilien comprit.

— Mademoiselle, dit-il, vous avez un devoir sacré à remplir dans la chambre de votre aïeule; voulez-vous me permettre d'avoir l'honneur de causer un instant avec M. Noirtier?

— Oui, oui, c'est cela, fit l'œil du vieillard.

Puis il regarda Valentine avec inquiétude.

— Comment il fera pour te comprendre, veux-tu dire, bon père?

— Oui.

— Oh! sois tranquille; nous avons si souvent parlé de toi, qu'il sait bien comment je te parle.

Puis, se tournant vers Maximilien avec un adorable sourire, quoique ce sourire fût voilé par une profonde tristesse :

— Il sait tout ce que je sais, dit-elle.

Valentine se releva, approcha un siège pour Morrel, recommanda à Barrois de ne laisser entrer personne, et après avoir tendrement embrassé son grand-père et dit adieu tristement à Morrel, elle partit.

Alors Morrel, pour prouver à Noirtier qu'il avait la confiance de Valentine et connaissait tous leurs secrets, prit le dictionnaire, la plume et le papier, et plaça le tout sur une table où il y avait une lampe.

— Mais d'abord, dit Morrel, permettez-moi, Monsieur, de vous raconter qui je suis, comment j'aime mademoiselle

Valentine, et quels sont mes desseins à son égard.

— J'écoute, fit Noirtier.

C'était un spectacle assez imposant que ce vieillard, inutile fardeau en apparence, et qui était devenu le seul protecteur, le seul appui, le seul juge de deux amants jeunes, beaux, forts, et entrant dans la vie.

Sa figure, empreinte d'une noblesse et d'une austérité remarquables, imposait à Morrel, qui commença son récit en tremblant.

Il raconta, alors, comment il avait connu, comment il avait aimé Valentine, et comment Valentine, dans son isolement et son malheur, avait accueilli l'offre de son dévouement. Il lui dit quelle était sa naissance, sa position, sa fortune; et plus d'une fois, lorsqu'il interrogea le regard du paralytique, ce regard lui répondit :

— C'est bien ; continuez.

— Maintenant, dit Morrel quand il eut fini cette première partie de son récit, maintenant que je vous ai dit, Monsieur, mon amour est mes espérances, dois-je vous dire nos projets ?

— Oui, fit le vieillard.

— Eh bien ! voilà ce que nous avions résolu.

Et alors il raconta tout à Noirtier, comment un cabriolet attendait dans l'enclos, comment il comptait enlever Valentine, la conduire chez sa sœur, l'épouser, et dans une respectueuse attente espérer le pardon de M. de Villefort.

— Non, dit Noirtier.

— Non? reprit Morrel, ce n'est pas ainsi qu'il faut agir?

— Non.

— Ainsi ce projet n'a point votre assentiment?

— Non.

— Eh bien! il y a un autre moyen, dit Morrel.

Le regard interrogateur du vieillard demanda : lequel?

— J'irai, continua Maximilien, j'irai trouver M. Franz d'Épinay, je suis heureux de pouvoir vous dire cela en l'absence de mademoiselle de Villefort, et je me conduirai avec lui de façon à le forcer d'être un galant homme.

Le regard de Noirtier continua d'interroger.

— Ce que je ferai?

— Oui.

— Le voici. Je l'irai trouver, comme je vous le disais; je lui raconterai les liens qui m'unissent à mademoiselle Valentine; si c'est un homme délicat, il prouvera sa délicatesse en renonçant de lui-même à la main de sa fiancée, et mon amitié et mon dévouement lui sont de cette heure acquis jusqu'à la mort; s'il refuse, soit que l'intérêt le pousse, soit qu'un ridicule orgueil le fasse persister, après lui avoir prouvé qu'il contraindrait ma femme, que Valentine m'aime et ne peut aimer un autre que moi, je me battrai avec lui, en lui donnant tous les avantages, et je le tuerai ou il me tuera; si je le tue, il n'épousera pas Valentine; s'il me tue, je serai bien sûr que Valentine ne l'épousera pas.

Noirtier considérait avec un plaisir indicible cette noble et sincère physionomie sur laquelle se peignaient tous les sentiments que sa langue exprimait, en y ajoutant par l'expression d'un beau visage tout ce que la couleur ajoute à un dessin solide et vrai.

Cependant, lorsque Morrel eut fini de parler, Noirtier ferma les yeux à plusieurs reprises, ce qui était, on le sait, sa manière de dire non.

— Non? dit Morrel. Ainsi vous désapprouvez ce second projet, comme vous avez déjà désapprouvé le premier?

— Oui, je le désapprouve, fit le vieillard.

— Mais que faire alors, Monsieur? demanda Morrel. Les dernières paroles de madame de Saint-Méran ont été pour que le mariage de sa petite-fille ne se fît point attendre; dois-je laisser les choses s'accomplir?

Noirtier resta immobile.

— Oui, je comprends, dit Morrel, je dois attendre.

— Oui.

— Mais tout délai nous perdra, Monsieur, reprit le jeune homme. Seule, Valentine est sans force, et on la contraindra comme un enfant. Entré ici miraculeusement pour savoir ce qui s'y passe, admis miraculeusement devant vous, je ne puis raisonnablement espérer que ces bonnes chances se renouvellent. Croyez-moi, il n'y a que l'un ou l'autre des deux partis que je vous propose, pardonnez cette vanité à ma jeunesse, qui soit le bon; dites-moi celui des deux que vous préférez : autorisez-vous mademoiselle Valenlentine à se confier à mon honneur?

— Non.

— Préférez-vous que j'aille trouver M. d'Epinay ?

— Non.

— Mais, mon Dieu ! de qui nous viendra le secours que nous attendons du ciel ?

Le vieillard sourit des yeux comme il avait l'habitude de sourire quand on lui parlait du ciel. Il était toujours resté un peu d'athéisme dans les idées du vieux jacobin.

— Du hasard ? reprit Morrel.

— Non.

— De vous ?

— Oui.

— De vous ?

— Oui, répéta le vieillard.

— Vous comprenez bien ce que je vous demande, Monsieur ? Excusez mon insistance, car ma vie est dans votre réponse ; notre salut nous viendra de vous.

— Oui.

— Vous en êtes sûr ?

— Oui.

— Vous en répondez ?

— Oui.

Et il y avait dans le regard qui donnait cette affirmation une telle fermeté, qu'il n'y avait pas moyen de douter de la volonté, sinon de la puissance.

— Oh! merci, Monsieur, merci cent fois! Mais comment, à moins qu'un miracle du Seigneur ne vous rende la parole, le geste, le mouvement, comment pourrez-vous, vous, enchaîné dans ce fauteuil, vous, muet et immobile, comment pourrez-vous vous opposer à ce mariage?

Un sourire éclaira le visage du vieillard, sourire étrange que celui des yeux sur un visage immobile.

— Ainsi, je dois attendre? demanda le jeune homme.

— Oui.

— Mais le contrat?

Le même sourire reparut.

— Voulez-vous donc me dire qu'il ne sera pas signé ?

— Oui, dit Noirtier.

— Ainsi le contrat ne sera même pas signé! s'écria Morrel. Oh! pardonnez, Monsieur! à l'annonce d'un grand bonheur, il est bien permis de douter ; le contrat ne sera pas signé?

— Non, dit le paralytique.

Malgré cette assurance, Morrel hésitait à croire. Cette promesse d'un vieillard impotent était si étrange, qu'au lieu de venir d'une force de volonté, elle pouvait émaner d'un affaiblissement des organes ; n'est-il pas naturel que l'insensé qui ignore sa folie prétende réaliser des choses au-dessus de sa puissance? Le faible parle des fardeaux qu'il soulève, le timide des géants qu'il affronte, le pauvre des trésors qu'il manie, le plus humble paysan, au compte de son orgueil, s'appelle Jupiter.

Soit que Noirtier eût compris l'indécision du jeune homme; soit qu'il n'ajoutât pas complètement foi à la docilité qu'il avait montrée, il le regarda fixement.

— Que voulez-vous, Monsieur? demanda Morrel, que je vous renouvelle ma promesse de ne rien faire?

Le regard de Noirtier demeura fixe et ferme, comme pour dire qu'une promesse ne lui suffisait pas; puis il passa du visage à la main.

— Voulez-vous que je jure, Monsieur? demanda Maximilien.

— Oui, fit le paralytique avec la même solennité, je le veux.

Morrel comprit que le vieillard attachait une grande importance à ce serment.

Il étendit la main.

— Sur mon honneur, dit-il, je vous jure d'attendre ce que vous aurez décidé pour agir contre M. d'Epinay.

— Bien, fit des yeux le vieillard.

— Maintenant, Monsieur, demanda Morrel, ordonnez-vous que je me retire?

— Oui.

—Sans revoir mademoiselle Valentine?

— Oui.

Morrel fit signe qu'il était prêt à obéir.

— Maintenant, continua Morrel, permettez-vous, Monsieur, que votre fils vous embrasse comme l'a fait tout-à-l'heure votre fille?

Il n'y avait pas à se tromper à l'expression des yeux de Noirtier.

Le jeune homme posa sur le front du vieillard ses lèvres au même endroit où la jeune fille avait posé les siennes.

Puis il salua une seconde fois le vieillard et sortit.

Sur le carré il trouva le vieux serviteur prévenu par Valentine ; celui-ci attendait Morrel, et le guida par les détours d'un corridor sombre qui conduisait à une petite porte donnant sur le jardin.

Arrivé là, Morrel gagna la grille ; par la charmille, il fut en un instant au haut du mur, et par son échelle, en une seconde, il fut dans l'enclos à la luzerne, où son cabriolet l'attendait toujours.

Il y monta, et, brisé par tant d'émotions, mais le cœur plus libre, il rentra vers minuit rue Meslay, se jeta sur son lit, et dormit comme s'il eût été plongé dans une profonde ivresse.

CHAPITRE VII.

LE CAVEAU DE LA FAMILLE VILLEFORT.

A deux jours de là, une foule considérable se trouvait rassemblée, vers dix heures du matin, à la porte de M. de Villefort, et l'on avait vu s'avancer une longue file de voitures de deuil et de voitures particulières tout le long du faubourg Saint-Honoré et de la rue de la Pépinière.

Parmi ces voitures, il y en avait une d'une forme singulière, et qui paraissait avoir fait un long voyage. C'était une espèce de fourgon peint en noir, et qui un des premiers s'était trouvé au funèbre rendez-vous.

Alors, on s'était informé et l'on avait appris que, par une coïncidence étrange, cette voiture renfermait le corps de M. le marquis de Saint-Méran, et que ceux qui étaient venus pour un seul convoi suivraient deux cadavres.

Le nombre de ceux-là était grand; M. le marquis de Saint-Méran, l'un des dignitaires les plus zélés et les plus fidèles du roi Louis XVIII et du roi Charles X, avait conservé grand nombre d'amis qui, joints aux personnes que les convenances sociales mettaient en relation avec Villefort, formaient une troupe considérable.

On fit prévenir aussitôt les autorités, et l'on obtint que les deux convois se feraient en même temps. Une seconde voiture, parée avec la même pompe mortuaire, fut amenée devant la porte de M. de Villefort, et le cercueil transporté du fourgon de poste sur le carrosse funèbre.

Les deux corps devaient être inhumés dans le cimetière du Père-Lachaise, où depuis longtemps M. de Villefort avait fait élever le caveau destiné à la sépulture de toute sa famille. Dans ce caveau avait déjà été déposé le corps de la pauvre Renée, que son père et sa mère venaient rejoindre après dix années de séparation.

Paris, toujours curieux, toujours ému des pompes funéraires, vit avec un religieux silence passer le cortège splendide qui accompagnait à leur dernière demeure deux des noms de cette vieille aristocratie, les plus célèbres pour l'esprit traditionnel, pour la sûreté du commerce et le dévouement obstiné aux principes.

Dans la même voiture de deuil, Beauchamp, Debray et Château-Renaud, s'entretenaient de cette mort presque subite.

— J'ai vu madame de Saint-Méran l'an dernier encore à Marseille, disait Château-Renaud, je revenais d'Algérie ; c'était une femme destinée à vivre cent ans, grâce à sa santé parfaite, à son esprit toujours présent et à son activité toujours prodigieuse. Quel âge avait-elle ?

— Soixante-six ans, répondit Albert, du moins à ce que Franz m'a assuré. Mais ce n'est point l'âge qui l'a tuée, c'est le chagrin qu'elle a ressenti de la mort du marquis; il paraît que depuis cette mort, qui l'avait violemment ébranlée, elle n'a pas repris complètement la raison.

— Mais enfin de quoi est-elle morte? demanda Debray.

— D'une congestion cérébrale, à ce qu'il paraît, ou d'une apoplexie foudroyante. N'est-ce pas la même chose?

— Mais à peu près.

— D'apoplexie, dit Beauchamp, c'est difficile à croire. Madame de Saint-Méran, que j'ai vue aussi une fois ou deux dans ma vie, était petite, grêle de forme, et d'une constitution bien plus nerveuse que sanguine; elles sont rares les apoplexies produites par le chagrin sur un corps d'une constitution pareille à celui de madame de Saint-Méran.

— En tout cas, dit Albert, quelle que soit la maladie ou le médecin qui l'a tuée, voilà M. de Villefort, ou plutôt mademoiselle Valentine, ou plutôt encore notre ami Franz, en possession d'un magnifique héritage, quatre-vingt mille livres de rente, je crois.

— Héritage qui sera presque doublé à la mort de ce vieux jacobin de Noirtier.

— En voilà un grand-père tenace, dit Beauchamp. *Tenacem propositi virum.* Il a parié contre la mort, je crois, qu'il enterrerait tous ses héritiers. Il y réussira, ma foi. C'est bien le vieux conventionnel de 93 qui disait à Napoléon en 1814 :

« Vous baissez parce que votre empire est une jeune tige fatiguée par sa croissance ; prenez la république pour tuteur, retournons avec une bonne constitution sur les champs de bataille, et je vous promets cinq cent mille soldats, un autre Marengo et un second Austerlitz. Les idées ne meurent pas, Sire, elles sommeillent quelquefois, mais elles se réveillent plus fortes qu'avant de s'endormir. »

— Il paraît, dit Albert, que pour lui les hommes sont comme les idées ; seulement une chose m'inquiète, c'est de savoir comment Franz d'Epinay s'accommodera d'un grand-beau-père qui ne peut se passer de sa femme ; mais où est-il, Franz?

— Mais il est dans la première voiture, avec M. de Villefort, qui le considère déjà comme étant de la famille.

Dans chacune des voitures qui suivaient le deuil, la conversation était à peu près pareille ; on s'étonnait de ces deux morts si rapprochées et si rapides, mais dans aucune on ne soupçonnait le terrible secret qu'avait, dans sa promenade nocturne, révélé M. d'Avrigny à M. de Villefort.

Au bout d'une heure de marche à peu près, on arriva à la porte du cimetière : il faisait un temps calme, mais sombre, et par conséquent assez en harmonie avec la funèbre cérémonie qu'on y venait accomplir. Parmi les groupes qui se dirigèrent vers le caveau de famille, Château-Renaud reconnut Morrel, qui était venu tout seul et en cabriolet; il marchait seul, très-pâle et silencieux sur le petit chemin bordé d'ifs.

— Vous ici? dit Château-Renaud en passant son bras sous celui du jeune capitaine; vous connaissez donc M. de Villefort? Comment se fait-il donc, en ce cas, que je ne vous aie jamais vu chez lui?

— Ce n'est pas M. de Villefort que je

connais, répondit Morrel, c'est madame de Saint-Méran que je connaissais.

En ce moment, Albert les rejoignit avec Franz.

— L'endroit est mal choisi pour une présentation, dit Albert; mais n'importe, nous ne sommes pas superstitieux. Monsieur Morrel, permettez que je vous présente M. Franz d'Epinay, un excellent compagnon de voyage avec lequel j'ai fait le tour de l'Italie. Mon cher Franz, M. Maximilien Morrel, un excellent ami que je me suis acquis en ton absence, et dont tu entendras revenir le nom dans ma conversation, toutes les fois que j'aurai à parler de cœur, d'esprit et d'amabilité.

Morrel eut un moment d'indécision. Il se demanda si ce n'était pas une condamnable hypocrisie que ce salut presque amical adressé à l'homme qu'il combattait sourdement; mais son serment et la gravité des circonstances lui revinrent en mémoire : il s'efforça de ne rien laisser paraître sur son visage, et salua Franz en se contenant.

— Mademoiselle de Villefort est bien triste, n'est-ce pas, dit Debray à Franz.

— Oh! Monsieur, répondit Franz, d'une tristesse inexprimable; ce matin elle était si défaite que je l'ai à peine reconnue.

Ces mots si simples en apparence brisèrent le cœur de Morrel. Cet homme avait donc vu Valentine, il lui avait donc parlé?

Ce fut alors que le jeune et bouillant officier eut besoin de toute sa force pour résister au désir de violer son serment.

Il prit le bras de Château-Renaud et l'entraîna rapidement vers le caveau devant lequel les employés des pompes funèbres venaient de déposer les deux cercueils.

— Magnifique habitation, dit Beauchamp en jetant les yeux sur le mausolée, palais d'été, palais d'hiver. Vous y demeurerez à votre tour, mon cher d'Epinay, car vous voilà bientôt de la famille. Moi, en ma qualité de philosophe, je veux une petite maison de campagne, un cottage là-bas sous les arbres, et pas tant de pierres de taille sur mon pauvre corps.

En mourant, je dirai à ceux qui m'entoureront ce que Voltaire écrivait à Piron : *Eo rus*, et tout sera fini... Allons, morbleu ! Franz, du courage, votre femme hérite.

— En vérité, Beauchamp, dit Franz, vous êtes insupportable. Les affaires politiques vous ont donné l'habitude de rire de tout, et les hommes qui mènent les affaires, ont l'habitude de ne croire à rien. Mais enfin, Beauchamp, quand vous avez l'honneur de vous trouver avec des hommes ordinaires, et le bonheur de quitter un instant la politique, tâchez donc de reprendre votre cœur que vous laissez au bureau des cannes de la Chambres des Députés ou de la Chambre des Pairs.

— Eh! mon Dieu, dit Beauchamp, qu'est-ce que la vie? une halte dans l'antichambre de la mort.

— Je prends Beauchamp en grippe, dit Albert, et il se retira à quatre pas en arrière avec Franz, laissant Beauchamp continuer ses dissertations philosophiques avec Debray.

Le caveau de la famille de Villefort formait un carré de pierres blanches d'une hauteur de vingt pieds environ; une séparation intérieure divisait en deux compartiments la famille Saint-Méran et la famille Villefort, et chaque compartiment avait sa porte d'entrée.

On ne voyait pas, comme dans les autres tombeaux, ces ignobles tiroirs superposés dans lesquels une économe distribution enferme les morts avec une inscription qui ressemble à une étiquette ; tout ce que l'on apercevait d'abord par la porte de bronze était une antichambre sévère et sombre, séparée par un mur du véritable tombeau.

C'était au milieu de ce mur que s'ouvraient les deux portes dont nous parlions tout-à-l'heure, et qui communiquaient aux sépultures Villefort et Saint-Méran.

Là, pouvaient s'exhaler en liberté les douleurs, sans que les promeneurs folâtres qui font d'une visite au Père-Lachaise, partie de campagne ou rendez-d'amour, vinssent troubler par leur chant, par leurs cris ou par leur course, la muette contemplation ou la prière baignée de larmes de l'habitant du caveau.

Les deux cercueils entrèrent dans le caveau de droite : c'était celui de la famille Saint-Méran ; ils furent placés sur des tréteaux préparés, et qui attendaient d'avance leur dépôt mortel, Villefort, Franz et quelques proches parents pénétrèrent seuls dans le sanctuaire.

Comme les cérémonies religieuses avaient été accomplies à la porte, et qu'il n'y avait pas de discours à prononcer, les assistants se séparèrent aussitôt ; Château-Renaud, Albert et Morrel se retirèrent de leur côté, et Debray et Beauchamp du leur.

Franz resta avec M. de Villefort ; à la

porte du cimetière, Morrel s'arrêta sous le premier prétexte venu; il vit sortir Franz et M. de Villefort dans une voiture de deuil, et il conçut un mauvais présage de ce tête-à-tête. Il revint donc à Paris, et quoique lui-même fût dans la même voiture que Château-Renaud et Albert, il n'entendit pas un mot de ce que dirent les deux jeunes gens.

En effet, au moment où Franz allait quitter M. de Villefort :

— Monsieur le baron, avait dit celui-ci, quand vous reverrai-je ?

— Quand vous voudrez, Monsieur, avait répondu Franz.

— Le plus tôt possible.

— Je suis à vos ordres, Monsieur; vous plaît-il que nous revenions ensemble?

— Si cela ne vous cause aucun dérangement?

— Aucun.

Ce fut ainsi que le futur beau-père et le futur gendre montèrent dans la même voiture, et que Morrel, en les voyant passer, conçut avec raison de graves inquiétudes.

Villefort et Franz revinrent au faubourg Saint-Honoré.

Le procureur du roi, sans entrer chez personne, sans parler ni à sa femme ni à sa fille, fit passer le jeune homme dans son cabinet, et lui montrant une chaise:

—Monsieur d'Epinay, lui dit-il, je dois vous rappeler, et le moment n'est peut-être pas si mal choisi qu'on pourrait le croire au premier abord, car l'obéissance aux morts est la première offrande qu'il faut déposer sur leur cercueil; je dois donc vous rappeler le vœu qu'exprimait avant-hier madame de Saint-Méran sur son lit d'agonie, c'est que le mariage de Valentine ne souffre pas de retard. Vous savez que les affaires de la défunte sont parfaitement en règle; que son testament assure à Valentine toute la fortune des Saint-Méran; le notaire m'a montré hier les actes qui permettent de rédiger d'une manière définitive le contrat de mariage.

Vous pouvez voir le notaire et vous faire de ma part communiquer ces actes. Le notaire, c'est M. Deschamps, place Beauveau, faubourg Saint-Honoré.

— Monsieur, répondit d'Epinay, ce n'est pas le moment peut-être pour mademoiselle Valentine, plongée comme elle est dans la douleur, de songer à un époux; en vérité, je craindrais...

— Valentine, interrompit M. de Villefort, n'aura pas de plus vif désir que celui de remplir les dernières intentions de sa grand'mère; ainsi les obstacles ne viendront pas de ce côté, je vous en réponds.

— En ce ca, Monsieur, répondit Franz, comme ils ne viendront pas non plus du mien, vous pouvez faire à votre convenance; ma parole est engagée, et je l'acquitterai, non-seulement avec plaisir, mais encore avec bonheur.

— Alors, dit Villefort, rien ne nous arrête plus ; le contrat devait être signé il y a trois jours, nous le trouverons donc tout préparé ; on peut le signer aujourd'hui même.

— Mais le deuil, dit en hésitant Franz.

— Soyez tranquille, Monsieur, reprit Villefort; ce n'est point dans ma maison que les convenances sont négligées. Mademoiselle de Villefort pourra se retirer pendant les trois mois voulus dans sa terre de Saint-Méran ; je dis sa terre, car aujourd'hui cette propriété est à elle. Là, dans huit jours, si vous le voulez bien, sans bruit, sans éclat, sans faste, le mariage civil sera conclu. C'était un désir de madame de Saint-Méran que sa petite-fille se mariât dans cette terre. Le mariage conclu, Monsieur, vous pourrez revenir à Paris, tandis que votre femme passera le temps de son deuil avec sa belle-mère.

— Comme il vous plaira, Monsieur, dit Franz.

Alors, reprit M. de Villefort, prenez la peine d'attendre une demi-heure ; Valentine va descendre au salon. J'enverrai chercher M. Deschamps, nous lirons et signerons le contrat séance tenante, et dès ce soir madame de Villefort conduira Valentine à sa terre, où dans huit jours nous irons les rejoindre.

— Monsieur, dit Franz, j'ai une seule demande à vous faire.

— Laquelle ?

— Je désire qu'Albert de Morcerf et Raoul de Château-Renaud soient présents à cette signature ; vous savez qu'ils sont mes témoins.

— Une demi-heure suffit pour les prévenir ; voulez-vous les aller chercher vous-même, voulez-vous les envoyer chercher ?

— Je préfère y aller, Monsieur.

— Je vous attendrai donc dans une demi-heure, baron, et dans une demi-heure Valentine sera prête.

Franz salua M. de Villefort et sortit.

A peine la porte de la rue se fut-elle refermée derrière le jeune homme, que Villefort envoya prévenir Valentine qu'elle eût à descendre au salon dans une demi-heure, parce qu'on attendait le notaire et les témoins de M. d'Epinay.

Cette nouvelle inattendue produisit une grande sensation dans la maison. Madame de Villefort n'y voulait pas croire, et Valentine en fut écrasée comme d'un coup de foudre.

Elle regarda tout autour d'elle comme pour chercher à qui elle pouvait demander secours.

Elle voulut descendre chez son grand-père; mais elle rencontra sur l'escalier M. de Villefort qui la prit par le bras et l'amena dans le salon.

Dans l'antichambre Valentine rencontra Barrois, et jeta au vieux serviteur un regard désespéré.

Un instant après Valentine, madame de Villefort entra au salon avec le petit Edouard. Il était visible que la jeune femme avait eu sa part des chagrins de famille; elle était pâle et semblait horriblement fatiguée.

Elle s'assit, prit Edouard sur ses genoux, et de temps en temps pressait avec des mouvements presque convulsifs sur sa poitrine, cet enfant sur lequel semblait se concentrer sa vie tout entière.

Bientôt on entendit le bruit de deux voitures qui entraient dans la cour.

L'une était celle du notaire, l'autre celle Franz et de ses amis.

En un instant tout le monde fut réuni au salon.

Valentine était si pâle, que l'on voyait les veines bleues de ses tempes se dessiner autour de ses yeux et courir le long de ses joues.

Franz ne pouvait se défendre d'une émotion assez vive.

Château-Renaud et Albert se regardaient avec étonnement; la cérémonie qui venait de finir ne leur semblait pas plus triste que celle qui allait commencer.

Madame de Villefort s'était placée dans l'ombre, derrière un rideau de velours, et comme elle était constamment penchée sur son fils, il était difficile de lire sur son visage ce qui passait dans son cœur.

M. de Villefort était, comme toujours, impassible.

Le notaire, après avoir, avec la méthode ordinaire aux gens de loi, rangé les papiers sur la table, avoir pris place dans son fauteuil et avoir relevé ses lunettes, se retourna vers Franz :

— C'est vous, dit-il, qui êtes M. Franz de Quesnel, baron d'Epinay? demanda-t-il, quoiqu'il le sût parfaitement.

— Oui, Monsieur, répondit Franz.

Le notaire s'inclina.

— Je dois donc vous prévenir, Monsieur, dit-il, et cela de la part de M. de Villefort, que votre mariage projeté avec mademoiselle de Villefort a changé les dispositions de M. Noirtier envers sa petite-fille, et qu'il aliène entièrement la fortune qu'il devait lui transmettre. Hâtons-nous d'ajouter, continua le notaire, que le testateur n'ayant le droit d'aliéner qu'une partie de sa fortune, et ayant aliéné le tout, le testament ne résistera point à l'attaque, mais sera déclaré nul et non-avenu.

— Oui, dit Villefort; seulement je préviens d'avance M. d'Epinay que de mon vivant jamais le testament de mon père ne sera attaqué, ma position me défendant jusqu'à l'ombre d'un scandale.

— Monsieur, dit Franz, je suis fâché

qu'on ait devant mademoiselle Valentine, soulevé une pareille question. Je ne me suis jamais informé du chiffre de sa fortune, qui, si réduite qu'elle soit, sera plus considérable encore que la mienne. Ce que ma famille a recherché dans l'alliance de M. de Villefort, c'est la considération; ce que je recherche, c'est le bonheur.

Valentine fit un signe imperceptible de remerciement, tandis que deux larmes silencieuses roulaient le long de ses joues.

— D'ailleurs, Monsieur, dit Villefort s'adressant à son futur gendre, à part cette perte d'une portion de vos espérances, ce testament inattendu n'a rien qui doive personnellement vous blesser;

elle s'explique par la faiblesse d'esprit de M. Noirtier. Ce qui déplaît à mon père, ce n'est point que mademoiselle de Villefort vous épouse, c'est que Valentine se marie : une union avec tout autre lui eût inspiré le même chagrin. La vieillesse est égoïste, Monsieur, et mademoiselle de Villefort faisait à M. Noirtier une fidèle compagnie que ne pourra plus lui faire madame la baronne d'Épinay. L'état malheureux dans lequel se trouve mon père fait qu'on lui parle rarement d'affaires sérieuses que la faiblesse de son esprit ne lui permettrait pas de suivre, et je suis parfaitement convaincu qu'à cette heure, tout en conservant le souvenir que sa petite-fille se marie, M. Noirtier a oublié jusqu'au nom de celui qui va devenir son petit-fils.

A peine M. de Villefort achevait-il ces paroles auxquelles Franz répondait par un salut, que la porte du salon s'ouvrit et que Barrois parut.

— Messieurs, dit-il d'une voix étrangement ferme pour un serviteur qui parle à ses maîtres dans une circonstance si solennelle, Messieurs, M. Noirtier de Villefort désire parler sur-le-champ à M. Franz de Quesnel, baron d'Épinay.

Lui aussi, comme le notaire, et afin qu'il ne pût y avoir erreur de personnes, donnait tous ses titres au fiancé.

Villefort tressaillit, madame de Villefort laissa glisser son fils de dessus ses genoux, Valentine se leva pâle et muette comme une statue.

Albert et Château-Renaud échangèrent un second regard plus étonné encore que le premier.

Le notaire regarda Villefort.

— C'est impossible, dit le procureur du roi; d'ailleurs, M. d'Épinay ne peut quitter le salon en ce moment.

— C'est justement en ce moment, reprit Barrois avec la même fermeté, que M. Noirtier, mon maître, désire parler d'affaires importantes à M. Franz d'Épinay.

— Il parle donc à présent, bon papa Noirtier? demanda Édouard avec son impertinence habituelle.

Mais cette saillie ne fit pas même sourire madame de Villefort, tant les esprits étaient préoccupés, tant la situation paraissait solennelle.

— Dites à M. Noirtier, reprit Villefort, que ce qu'il demande ne se peut pas.

— Alors M. Noirtier prévient ces messieurs, reprit Barrois, qu'il va se faire apporter lui-même au salon.

L'étonnement fut à son comble.

Une espèce de sourire se dessina sur le visage de madame de Villefort. Valentine, comme malgré elle, leva les yeux au plafond pour remercier le ciel.

— Valentine, dit M. de Villefort, allez un peu savoir, je vous prie, ce que c'est que cette nouvelle fantaisie de votre grand-père.

Valentine fit vivement quelques pas pour sortir, mais M. de Villefort se ravisa.

— Attendez, dit-il, je vous accompagne.

— Pardon, Monsieur, dit Franz à son tour, il me semble que, puisque c'est moi que M. Noirtier fait demander, c'est surtout à moi de me rendre à ses désirs; d'ailleurs je serai heureux de lui présenter mes respects, n'ayant point encore eu l'occasion de solliciter cet honneur.

— Oh! mon Dieu! dit Villefort avec une inquiétude visible, ne vous dérangez donc pas.

— Excusez-moi, Monsieur, dit Franz du ton d'un homme qui a pris sa résolution. Je désire ne point manquer cette occasion de prouver à M. Noirtier combien il aurait tort de concevoir contre moi des répugnances que je suis décidé à vaincre, quelles qu'elles soient, par mon profond dévouement.

Et sans se laisser retenir plus longtemps par Villefort, Franz se leva à son tour et suivit Valentine, qui déjà descendait l'escalier avec la joie d'un naufragé qui met la main sur une roche.

M. de Villefort les suivit tous deux.

Château-Renaud et Morcerf échangèrent un troisième regard, plus étonné encore que les deux premiers.

FIN DU DIXIÈME VOLUME.

TABLE DES CHAPITRES.

Chap. Iᵉʳ. Un bal d'été.......................... 1
    II. Les informations..................... 37
   III. Le Bal 75
    IV. Le Pain et le Sel..................... 111
     V. Madame de Saint-Méran.............. 129
    VI. La Promesse........................ 175
   VII. Le Caveau de la Famille Villefort...... 279

A LA MÊME LIBRAIRIE.

Ouvrages récemment parus.

Le dernier des Commis Voyageurs, par l'auteur de Jérome Paturot. 2 v.

Un Beau-Père, par CHARLES DE BERNARD. 3

Fernande, par ALEXANDRE DUMAS. 3

Le Vétéran du camp de la Lune, par MARCO-DE-SAINT-HILAIRE. 2

Feu Bressier et Histoire invraisemblable, par ALPHONSE KARR. 3

Sans Dot, par madame REYBAUD. 2

Si Jeunesse savait, si Vieillesse pouvait, par FRÉDÉRIC SOULIÉ. 6

Imprimerie de A. Henry, 8, rue Gît-le-Cœur.

www.ingramcontent.com/pod-product-compliance
Lightning Source LLC
Chambersburg PA
CBHW071246160426
43196CB00009B/1184